Eduard Wagner 2017

Préface

Vous pouvez le voir comme vous le souhaitez : s'agit-il de mémoires ou s'agit-il simplement d'une séquence d'événements de ma vie. Je voudrais dire qu'à l'époque où j'avais vécu cela, je croyais que c'était correct. Je n'avais pratiquement aucun conseil de la part de parents ou d'amis quant à savoir si c'était la bonne chose à faire ou non. Mais c'était toujours la question de savoir si j'aurais pris cela en compte. Bien sûr, au fil des pages qui suivent, il y a toujours des endroits où je suis au bord de la légalité. Mais comme c'était il y a quelque temps et que je maintiens personnellement ce que j'ai fait ou n'ai pas fait alors, je ne vois aucun problème si ces conséquences se produisent. Que ce soit une vie épanouie ou heureuse ne dépend pas de moi, mais du lecteur, mais je tirerai une conclusion à la fin.

Familie 1970

Décembre 1959 maison parentale

Fin 1959, j'ai vu la lumière du jour à Vienne, bien que j'y étais, mais je m'en souviens à peine. Venu comme le deuxième né, mon frère avait déjà 6 ans dans une famille souabe du Danube. Pour expliquer mes origines : À la fin de la Seconde Guerre mondiale, mes parents ont été expulsés de ce qui est aujourd'hui la Serbie par des partisans sous la menace des armes et leur vie a été menacée. Comme ils appartenaient au groupe des Allemands ethniques (Danube Souabes), leur langue maternelle était l'allemand, ce qui signifie qu'ils pouvaient aussi parler le serbo-croate. Leurs ancêtres étaient actuellement installés par Prinz Eugen dans ce qui était alors la Yougoslavie afin d'y renforcer l'infrastructure, ce qu'ils ont réussi à faire. Dans la tourmente de la Seconde Guerre mondiale, ils ont ensuite été chassés par des partisans du nord et du sud au péril de leur vie. À cette époque, ils avaient atteint la prospérité et la réputation, où il n'y avait aucune hostilité entre les Yougoslaves qui y vivaient et la population de langue allemande. Mes parents et leurs familles ont été accueillis en 1944 avec les mots : Qu'est-ce que tu fais là ? Pourquoi parles-tu si bien allemand ? Faufilez-vous pour rentrer chez vous. A l'époque c'était juste l'accueil des "étrangers". On ne peut plus imaginer aujourd'hui. Eh bien revenons à moi. J'ai eu une enfance facile, au moins jusqu'à mes 10 ans. Mon père exerçait son métier, qu'il avait déjà appris en Serbie, et ma mère était, comme c'était encore l'usage à l'époque, femme au foyer. Dans la mesure où mes parents le permettaient, j'avais tout, des jouets aux vélos, etc. En été, je suis allé chaque année dans une maison d'hôtes dans le sud de la Basse-Autriche avec mon frère et ma mère pendant deux à trois semaines. Mon père, comme il devait travailler la semaine pour des raisons financières, est venu chez nous le vendredi en mobylette et est resté jusqu'au dimanche. A noter que mon père n'a obtenu son permis de conduire qu'en 1972. A cette époque, j'ai aussi fait la connaissance d'une famille qui habitait près de la pension. Il y avait deux filles dans celui-ci, une de cinq ans de moins et l'autre d'un an de plus. Ça veut dire que l'aîné m'a déjà rencontré avec des couches. École de septembre 1966 Début de mon parcours scolaire. À l'école primaire, j'étais dans une classe de garçons. Une diplômée du Pädag de l'époque s'est présentée comme enseignante. Elle avait environ 25 ans et une belle femme pour autant que je sache à cet âge. Je me souviens encore d'une anecdote qui m'a un peu choqué à l'époque. Au début de mes années d'école, je suis venu voir ma mère et je lui ai dit ce qui suit : Toi, mère, la maîtresse s'est peinte les doigts en rouge vif. Comment pouvez-vous faire quelque chose comme ça ? L'arrière-plan était que la prof Ulrike n'avait peint que ses ongles, ce qui n'était pas encore monnaie courante pour moi à l'époque. Je pense que ma mère s'est tournée sur le côté à ce moment-là et a probablement dû sourire, puis m'a expliqué de quoi il s'agissait. Eh bien, je suis diplômé de l'école primaire avec de très bonnes notes, à part la peinture et le dessin. Mais j'avais aussi du respect pour la "femme enseignante", qui punissait les délits par "debout dans le coin". Le chemin de l'école, à l'époque tout à pied, était toujours un défi, car il y avait toujours un, deux ou trois collègues d'école avec qui on pouvait jongler sur le trottoir.

Lycée de septembre 1970

Après que j'aie continué à rêver du métier de rêve « docteur » à cet âge et que mon certificat d'école primaire correspondait, mes parents m'ont inscrit dans le quartier voisin au lycée. En 1969, mon père avait rendu sa licence commerciale pour la réparation de bouteilles d'eau gazeuse car elle n'était plus rentable et il s'est ensuite tourné vers un nouveau métier, à savoir la vente de journaux quotidiens. Cela veut dire qu'il a vendu le plus grand journal de notre pays en tant que colporteur le soir jusqu'à 23 heures environ sur un stand. Comme c'était à moitié rentable, ma mère a également commencé à vendre des journaux. Avec cela, ils ont pu économiser beaucoup d'argent au fil des ans, nous deux, c'est-à-dire mon frère et moi, le bien-être n'a pas été négligé. Eh bien, maintenant j'étais en première année du lycée humaniste. Le lundi, il y avait toujours les maths et l'anglais l'un après l'autre. Eh bien, cela s'est passé à mi-chemin pendant un certain temps, mais après un certain temps, je suis tombé malade et mes parents m'ont écrit une confirmation que j'étais malade. Mais comme le corps enseignant ne m'a pas pris ce papier, je l'ai gardé. Maintenant, le lundi avec l'anglais et les mathématiques me répugnait de plus en plus, alors j'ai eu l'idée de devenir « bleu » un lundi ou l'autre et de ne pas aller à l'école. J'ai alors produit la confirmation que j'étais moi-même malade avec la signature de mes parents.

Comme il s'agissait pour la plupart des mêmes maladies et que la signature n'était plus la meilleure, cela s'est passé comme il le fallait. Soudain, mes parents ont reçu une convocation pour venir à l'école. Bien sûr, ils ont été interrogés sur mes jours manquants et les notes qui en résultaient et ils ont donc été surpris ou déçus de moi. La conséquence de cela a été que l'école m'a condamné à un « cataclysme » (4 heures d'écriture de punition seul à l'école). À ma connaissance, ce type de punition n'existe plus aujourd'hui. Finalement, l'année scolaire s'est terminée avec deux cinq. Cela signifie donc que j'ai dû redoubler le 1er cours, car c'était encore obligatoire à l'époque.

Internat de septembre 1971

Après cet événement décisif pour moi, le conseil de famille s'est réuni sous la forme de mes parents et de mon frère de dix-sept ans. Il faudrait envoyer à l'avance que mon père était dans un pensionnat germanophone pendant quelques années pendant ses années d'école en Serbie. Ainsi, des conseils ont été donnés quant à l'école que je devrais continuer à fréquenter. Comme, bien sûr, à l'âge de 11 ans je n'avais aucune idée ou ne faisais que limiter ce qui m'attendait, j'ai dû accepter la décision du conseil de famille. Comme j'ai été baptisé protestant de naissance, mon inscription dans les pensionnats catholiques, comme les frères d'école à Strebersdorf, n'a pas été acceptée. Cette décision signifiait que je suis allé dans un pensionnat du 13e arrondissement, qui comprenait également un lycée humaniste. J'ai longtemps contesté cette décision de mes parents, car j'y étais plus ou moins enfermé du dimanche soir au samedi midi. Si j'avais "cassé" quelque chose pendant la semaine, il n'y avait bien sûr pas de résultat le week-end non plus. Heureusement, c'était rarement le cas dans le 13e arrondissement. Une chose était intéressante dans cette maison, car le chef de cette institution était le petit-fils d'Adalbert Stifter (son nom était le même). Ce réalisateur était un fumeur de pipe passionné, où la fumée pouvait être sentie dans tout le bâtiment et, de plus en plus intense, nous savions que le danger était imminent. J'ai passé 3 ans à Himmelhof, c'est ainsi que s'appelait l'internat. Puis j'ai déménagé au pensionnat du même nom dans le 2e arrondissement avec le même tuteur Franz. Là, pourtant, les coutumes étaient les mêmes que dans le 13e arrondissement. Cela signifie que s'il y avait une faute de ma part au cours de la semaine, j'étais involontairement autorisé à passer le week-end avec punition à l'internat. Comme la surveillance n'y était pas très bonne et que j'ai bien sûr aussi vieilli, il y avait souvent des week-ends à l'internat. À cette époque, à l'âge de 13 ans, j'ai fait la connaissance de la cigarette, ce qui m'a également obligé à rester à la maison. Cette amitié avec la nicotine est restée avec moi à ce jour. Le tout s'est relativement bien passé jusqu'en 4e année, puis nous avons eu une enseignante de biologie de Carinthie qui venait de terminer ses études. Pour nous, étudiants entre 14 et 15 ans, bien sûr, elle était un défi en termes de puberté, car c'était une jolie femme avec une silhouette correspondante. Je me suis donc laissé emporter par une affirmation au cours de la leçon qui m'a valu la pire note de conduite. De plus, j'ai également collecté les pires notes dans divers objets, de sorte que j'ai dû redoubler la 4e année. Cela avait réussi et, comme cela n'était plus enseigné à la maison, j'ai dû aller en 5e année du lycée humaniste du quartier voisin. Comme je voulais toujours devenir médecin, j'ai supposé que j'utiliserais le grec ancien, car j'aimais aussi beaucoup la langue latine. C'était intéressant à l'époque que je me retrouve pour la première fois dans une classe mixte, mais il n'y avait que 6 filles et le reste des garçons. Au premier semestre, j'étais encore un peu impatient d'apprendre, mais comme je n'aimais pas du tout le grec ancien, les notes étaient en conséquence. Cela ne s'est pas arrêté à ce seul sujet et j'aurais donc dû redoubler le cours, seulement ce n'était plus possible à l'époque. Alors mes parents ont décidé, puisque j'avais maintenant 17 ans, que je commencerais un apprentissage. Quand j'avais environ 16 ans, quand j'étais encore en pension, j'ai été approché par Ernst, qui était le fils d'un ami de ma mère, si je ne voulais pas aller à des danses folkloriques tous les vendredis soir. C'était bien sûr une entreprise difficile à l'internat, car ce n'était pas toujours le cas que de sortir de là. Finalement, j'ai finalement été autorisé à sortir le vendredi de 18h à 22h. La danse folklorique a eu lieu dans la maison des Souabes du Danube dans le 3e arrondissement. Quand je suis arrivé là-bas, j'ai trouvé une trentaine de jeunes hommes et femmes, dont j'étais l'un des plus jeunes. Un souabe natif du Danube s'est présenté à moi comme le chef, qui a répété les danses folkloriques avec nous. Mais comme j'étais résolument anti-talent pour la danse, cet homme a aussi eu du mal à me l'apprendre. Je me souviens encore d'un épisode dans lequel le surveillant a pris ma cuisse dans sa main parce que je ne comprenais pas l'enchaînement d'un pas en alternance. Probablement rien n'a changé à ce sujet à ce jour. Lors de ces soirées, nous avons étudié les danses folkloriques avec 8 à 10 couples, que nous avons ensuite exécutées pendant la saison des bals en janvier et février. Au fil du temps, un groupe de personnes du même âge s'est développé et est allé au bowling deux fois par semaine dans le Prater de Vienne. Cela signifie s'entraîner une fois par semaine et championnat le vendredi. Comme nous avions un sponsor, une compagnie maritime, cela ne nous a pas coûté trop cher. Vers 1982, 7 hommes et femmes ont ensuite navigué avec cette compagnie sur un voilier de 10 hommes de Split à Dubrovnik en été. Chaque jour cette semaine-là, nous sommes allés sur une île, avons fait une pause puis avons continué notre route. Ce fut une expérience merveilleuse

Maison de week-end d'août 1972

Après la réussite du changement de carrière de mon père en 1969 en termes d'épargne, ils ont pu économiser pas mal d'argent. Maintenant, mes parents sont partis à la recherche d'une petite maison de week-end en Basse-Autriche. Ils ont trouvé ce qu'ils cherchaient dans le sud du bassin viennois, dans une commune d'environ 10 000 habitants. La première vue a semblé à mes parents une bonne affaire, mais ils ne pouvaient pas imaginer ce qui allait suivre. Pour moi, quand j'avais 12 ans, c'était bien sûr un plaisir, car il y avait beaucoup d'arbres fruitiers et d'arbustes sur la propriété que j'ai été autorisé à brûler après le sciage, de sorte que le bâtiment de 1930 pouvait également être vu. Je me souviens qu'au bout d'un moment, l'incendie a un peu dérangé les voisins, à l'époque c'était encore autorisé. Mais oui, nous étions des « Viennois » venus en Basse-Autriche pour s'agrandir. Eh bien, les arbres et les buissons ont été éliminés et vous pouviez voir la maison. Il avait l'inconvénient de n'avoir pas été utilisé depuis des années et était donc dans un état déplorable avec un sol et un grenier. Quand j'ai tout brûlé, j'ai pris mon vélo et j'ai exploré la région avec les montagnes qui lui appartenaient et j'ai dû passer encore et encore devant un campement de travailleurs. Un jour, un gars qui était juste là m'a demandé si je pouvais descendre de mon vélo et m'asseoir avec lui. J'ai fait ce qu'il m'avait demandé et je me suis assis avec lui. Puis d'autres garçons sont arrivés et une conversation intéressante s'est développée. De cette rencontre une amitié s'est développée pendant au moins dix ans et nous avons fait quelque chose de différent chaque week-end. Ce n'est qu'au fil des ans que les partenaires se sont joints, chacun de ces amis a déménagé ailleurs en Basse-Autriche et les amitiés se sont dissoutes.

Maison après rénovation

1972 premier baiser

Comme mes parents voulaient toujours partir en vacances en été, ils ont demandé à l'église évangélique de Vienne que toute la famille avait la même foi. Cela a donné lieu à des vacances avec toute la famille en Styrie. Nous n'étions pas la seule famille là-bas, il y avait environ 50 personnes. Nous avons fait tous les jours avec toutes les excursions et randonnées qui étaient toujours agréables. Un jour, nous revenions d'une excursion un peu plus tôt, Angela m'a parlé, elle avait environ un an de moins que moi. Elle a dit qu'elle avait découvert un nid de frelons dans le grenier de la maison où nous habitions et qu'elle avait peur de le revoir seule, si je devais venir avec toi. Eh bien, pourquoi pas, rien ne peut arriver. Lorsque nous nous sommes retrouvés devant ce nid, elle s'est soudainement retournée et m'a embrassé sur les lèvres. J'étais horrifié, seule ma mère était autorisée à le faire et personne d'autre n'était autorisé à le faire. Mais je l'ai gardé pour moi quand même.

Soldes d'hiver 1975

Comme mon frère voulait gagner quelque chose en plus de son salaire d'employé de banque, il allait d'un restaurant à l'autre dans le 10e arrondissement et y vendait le plus grand quotidien. Mais comme nous n'avions qu'un seul cœur et une seule âme jusqu'à ses 20 ans environ, il m'a dit que je pouvais vendre des journaux et acheter mon argent de poche. Pour ce faire, je me tenais debout dans une zone piétonne du 10e arrondissement portant une veste jaune et faisant l'éloge de mes journaux. Nous avons ensuite réglé les comptes des 10 à 15 journaux dans la soirée. Ce n'était pas très rentable, mais, comme je l'ai dit, mon argent de poche a augmenté.

Apprentissage de septembre 1977

Mon père connaissait le responsable RH d'un grand grossiste et producteur alimentaire du 16e arrondissement, ce qui était bien connu à l'époque, j'ai donc commencé un apprentissage de commis de bureau. La première chose que j'ai faite a été de travailler dans la comptabilité de gros. J'y ai trouvé quatre hommes de 50 ans et plus. Le chef de service était un signataire autorisé. Mais comme je venais de sortir de l'internat auparavant, j'ai profité de ma liberté retrouvée. Cela s'est manifesté par le fait que je n'étais pas si strict sur le fait de dormir une nuit pendant mon temps libre. Cela signifie que maintenant que j'avais un ami à Vienne du nom d'Ernst, nous partions presque tous les soirs. Bien sûr, rentrer à la maison était tard. Donc, mon rendement au travail le lendemain était en conséquence. Le directeur général, à qui j'étais assis dos à dos, tapait encore et encore sur la table avec le stylo à bille pour que je puisse continuer à travailler. Au fil du temps, cependant, le travail consistant à ajouter seulement 100 à 200 bons de livraison en une journée entière est devenu trop ennuyeux pour moi et j'ai donc décidé de parler à mon patron pour savoir si je pouvais être transféré dans un autre département de l'entreprise. Ma demande a été acceptée et j'ai été transféré au département du thé. Là, j'ai rencontré un jeune répartiteur et son patron était un signataire autorisé. Ici, je n'ai pas trop appris sur l'employé de bureau, mais l'ancien directeur m'a beaucoup appris sur le thé. Je devais donc mettre en place la dégustation de thé tous les matins, qui passait par un rituel très particulier : j'ai donc commencé par préparer au moins 10 bols d'eau chaude et n'ai ensuite permis que d'ajouter exactement 2 grammes de thé. Ensuite, le monsieur est passé et a pris une gorgée de chaque bol, en le gardant dans sa bouche et en le laissant couler sur ses papilles gustatives. Grâce à cette manipulation, il a pu déterminer la qualité de ce thé puis la quantité correspondante a été commandée. Au cours de mon travail dans ce département, une installation automatique pour la production de sachets de thé a été ajoutée, ce qui m'a beaucoup fasciné, car d'un côté le thé livré était dans de grandes boîtes et à la fin les 20-25 sachets de thé finis est sorti emballer. Mais comme ce que j'ai pu apprendre était limité, j'ai voulu retourner dans un nouveau rayon et je suis donc arrivé au rayon des produits frais vers l'âge de 18 ans. De là, les livraisons de fruits et légumes pour les 250 succursales étaient préparées quotidiennement. Pour ce faire, les magasins individuels devaient bien entendu prendre des commandes par téléphone tous les jours. Comme j'avais maintenant atteint l'âge où j'étais autorisé à faire des heures supplémentaires selon la Loi sur la protection de la jeunesse, je m'inscrivais aux services du dimanche, qui étaient rémunérés convenablement. Mes collègues avaient à peu près mon âge, alors des amitiés se sont vite formées. Alors de temps en temps, nous allions boire un verre après notre travail du dimanche, jusqu'à ce que quelqu'un dise qu'il avait quelque chose avec lui qui ne pouvait être consommé que dans des pièces fermées. Naïf comme j'étais à l'époque, nous sommes entrés dans un appartement et nous nous sommes assis par terre faute de sièges. Soudain, ledit collègue sortit une cigarette de sa poche, l'alluma et la passa. Sans méfiance, j'ai, comme les autres, attiré cette supposée cigarette. Puis, quand il a été fumé, j'ai été informé qu'il s'agissait d'un joint. Mon résumé était bon, ma crédulité et surtout, je n'avais rien ressenti, alors l'affaire était réglée pour moi et je n'ai plus jamais touché à quelque chose comme ça.

Septembre 1978 Premier appartement

Après que mon frère eut dit à l'âge d'environ 21 ans qu'il n'aurait plus de femme et qu'il avait déjà son propre appartement, j'ai obtenu le petit appartement d'environ 35 mètres carrés dans la même maison où vivaient mes parents à Vienne. A cette époque, cependant, a également commencé où j'ai dû lutter pendant environ 30 ans. D'une part, j'ai eu des amis ponctuels pendant le week-end en Basse-Autriche et un ami à

Vienne. Avec ce dernier je sortais presque tous les jours de la semaine, et il arrivait donc que nous ne fassions pas beaucoup de choses différentes. Nous sommes ensuite allés principalement dans des bars où l'on pouvait jouer aux cartes. Mais comme cela devenait un peu ennuyeux avec le temps, nous avons décidé de jouer pour de l'argent. Mais ce n'était pas satisfaisant non plus, et nous avons donc vu des machines dans des machines locales où vous pouviez insérer de l'argent et gagner. A cette époque, on les appelait des bandits manchots que l'on pouvait trouver dans toute l'Autriche. Oui, au début, il y avait toujours des profits plus ou moins importants, mais au fil du temps, c'était bien sûr un déficit. Surtout, j'ai découvert que de tels appareils étaient également disponibles en Basse-Autriche. Et c'est ainsi que ma dépendance a commencé, certainement pas tout de suite, mais au fil du temps j'avais franchi une ligne dont je n'avais pas conscience.

Daltonisme de mai 1978

A cette époque, je devais me rendre aux forces armées autrichiennes pour la rédaction. À ce moment-là, je n'avais aucun problème de santé, mais une carte avec des points de différentes couleurs m'a été présentée et on m'a demandé d'en lire un numéro et une lettre. Mais je ne pouvais pas le faire, même si je regardais les cartes sous différents angles. En d'autres termes, il a été constaté que je suis daltonien, à savoir rouge-vert-daltonien. Cependant, la Commission a déterminé que je serais pleinement qualifié. Six mois plus tard, je voulais passer mon permis de conduire moto et voiture avec mon père. Pour ce faire, cependant, j'ai également dû subir un test. Entre autres choses, on m'a présenté une autre carte de couleur à partir de laquelle je ne pouvais plus rien lire. Ensuite, ils m'ont dit que je devrais subir d'autres examens, dont un test de réaction au conseil d'administration respectif et un test psychologique dans le 3e arrondissement. Ce test psychologique avait une vingtaine de pages et il était fastidieux à remplir car je n'ai pas fait sens de celui-ci. Mon argument, que j'ai également exprimé, était que je suis pleinement qualifié et que je n'ai pas le droit d'avoir un permis de conduire, alors je vais juste vous tirer dessus parce que je ne peux pas choisir entre le rouge et le vert. Autant que je sache, seul le rouge au feu tricolore est toujours au même endroit. J'ai finalement obtenu le permis de conduire pour au moins une voiture, j'ai abandonné celui pour les motos, même si j'avais 2 mobylettes à 16 et 17 ans, et je n'ai jamais eu d'accident avec eux.

Octobre 1980 Armée fédérale

Début octobre, j'ai fait mon service militaire dans les Forces armées autrichiennes dans la caserne Martinek (pension ?). Les six premières semaines ont été un entraînement de base et aussi épuisantes. Quand c'était mon anniversaire début décembre, j'étais de garde, surtout, et cela un jour férié. Cela signifie qu'environ 15 personnes ont reçu 20 cartouches de balles réelles pour chacune par le gardien de service. Maintenant, je devais m'asseoir à table et attendre qu'un ordre vienne, disons de me promener dans la caserne. Je ne sais pas comment, mais soudain il y avait une bouteille de 2 litres de vin blanc sur la table et mes camarades m'ont acclamé pour mon anniversaire. Oui, mais malheureusement ce n'était pas la seule bouteille que nous avons consommée. Cela signifie que lors de la prochaine ronde de contrôles dans la zone de la caserne, le chemin est devenu de plus en plus étroit et à la fin, j'ai dû décharger mon fusil avec 20 cartouches de balles réelles dans les meurtrières. Je n'avais pas réussi à le faire moi-même, un camarade m'a aidé. Le tout est resté impuni à l'exception d'un rapport obligatoire avec l'avertissement suivant.

Après les six premières semaines, j'ai été affecté au bureau de l'attaché de presse. Ce major était là le matin, mais a ensuite quitté le bureau et est revenu une heure avant la fin du travail. Mon travail là-bas consistait à rechercher des informations sur le souverain dans les différents quotidiens. Ce n'était pas une tâche fastidieuse, elle a été accomplie assez rapidement. J'ai donc pu rattraper ce que j'avais très peu pendant la nuit, à savoir dormir. Quand j'ai emménagé en octobre, j'avais 65 kilos répartis sur ma longueur. Dans le quartier de la caserne, j'ai appris à connaître le vin de Baden parce que je ne l'avais pas connu auparavant. Quand j'ai désarmé au bout de 8 mois, je pesais non pas 65, mais 72 kilos, que je n'avais pas dépassés jusqu'à aujourd'hui.

Profession de septembre 1980

J'avais terminé avec succès mon apprentissage de commis de bureau, le service militaire moins réussi, alors je me suis demandé comment continuer. Maintenant, je me suis intéressé aux cours du soir et j'ai commencé un cours de comptabilité, ce qui s'est vite avéré être mauvais pour moi. J'ai donc découvert que les ordinateurs avaient un avenir et de 1980 à 1981 j'ai suivi des cours de programmation au WIFI de Vienne, qui se déroulaient tous les soirs de 18h à 22h. J'ai complété cela avec des examens au moins en Pascal, en Cobol je n'ai pas réussi. Avec les certificats, je voulais dire que j'avais de meilleures chances sur le marché du travail et à la fin du mois d'août 1981, j'ai quitté mon emploi chez le grossiste en épicerie. J'ai tout de suite retrouvé un emploi de commis de bureau dans une entreprise de fabrication de tuyaux et de coffrets électriques, située dans le 5e arrondissement. Après environ un an, nous avons déménagé dans le 11e arrondissement, où se trouvait également l'usine de cette entreprise. Là, j'avais un diplômé en commerce plus âgé et sympathique qui avait essayé à maintes reprises de m'inspirer. Mais lorsqu'il a pris sa retraite, une femme ingénieur diplômée lui a succédé. Cela avait pour but de faire des économies et c'est ainsi que j'ai été licencié au bout de deux ans et neuf mois. A cette époque, il y avait encore des indemnités de départ avec au moins deux salaires, mais seulement après trois ans dans l'entreprise. J'ai donc dû chercher un nouvel emploi et l'ai découvert dans les quotidiens. Puis j'ai trouvé un travail où la présélection se faisait dans un institut de psychologie d'essai. Je suis donc arrivé dans cet institut au début du mois de mai 1984 et on m'a présenté une liasse de 20 pages de tests à remplir. Après avoir fait quelques entrées dans ce papier, je me suis dit que j'avais déjà tenu ces feuilles de papier dans ma main. Et c'est exactement comme ça, des années plus tôt, je devais passer le même test pour obtenir un permis de conduire et ce jour-là pour postuler à un emploi. Cela semble un peu étrange. Après avoir évalué mes informations, on m'a demandé un entretien dans le 8e arrondissement. La condition préalable à ce poste était qu'il n'était qu'un remplaçant d'un congé parental d'un an. Là, je devais rendre compte des boursiers qui travaillaient au centre de recherche en Basse-Autriche et aussi m'occuper du livre de banque. Mais comme tout cela était un peu trop petit défi pour moi, j'ai visé d'autres tâches. Ceux-ci comprenaient les finances, le budget et la comptabilité des actifs. Les langages informatiques que j'avais appris, que j'avais acquis des années auparavant, n'étaient pas utilisés car cela était empêché par le "programmeur" existant. La première année de congé maternité s'est donc terminée et ma patronne de l'époque, avec qui j'avais désormais une pierre au bord, a prolongé mon contrat sans hésiter. Mais comme le bureau du 8e arrondissement a été fermé environ un an après avoir rejoint cette société (semi-publique), nous avons dû déménager en Basse-Autriche. Nous avons eu l'occasion d'utiliser le bus de l'entreprise depuis Vienne. Mais le travail n'a commencé qu'à 8h30 et c'était trop tard pour moi. J'ai donc parlé à un collègue que nous allions conduire pour travailler avec ma 2ème voiture. Ce faisant, elle a contribué aux frais de voyage. Cela signifie se lever chaque jour ouvrable à 6 heures du matin, parcourir 35 km aller et 35 km retour le soir, quelle que soit la météo. Mais comme j'appréciais ce travail en Basse-Autriche, je l'ai accepté. Le temps que j'y ai passé n'était pas seulement professionnel, mais aussi personnellement le travail riche d'expériences que j'ai eu dans ma vie, d'autant plus que j'en avais beaucoup appris. En comptabilité, c'était le nom du département où je travaillais, il y avait une quinzaine de femmes et seulement 2 hommes, ce qui m'affectait moins au départ. Au fil des ans, cependant, je me suis lié d'amitié avec un collègue qui travaillait à deux pièces. Elle avait environ 2 ans de moins et était assez intelligente, vivait près de son travail avec ses parents dans une maison à deux familles. Comme cela devait venir, c'était le cas, l'amitié est devenue plus. La plupart du temps, je restais chez elle, mais je retournais sans cesse dans mon appartement à Vienne. Puis un jour, elle m'a dit qu'elle était enceinte de moi. J'avais alors environ 26 ans et il considérait qu'il était de mon devoir de lui proposer parce qu'elle a accepté. Nous cherchions déjà une église ou un bureau d'enregistrement et avons plus ou moins fixé une date pour le mariage. Dans l'entreprise, bien sûr, le bruit courait en secret qu'il se passait quelque chose que je n'aimais pas vraiment. Cependant, comme de sa part il ne s'agissait que de la déclaration de grossesse et que je ne pouvais rien voir ou entendre d'autre au cours des mois, je suis devenu sceptique quant à savoir si cela serait vrai. Maintenant, en plus, la « pression » des collègues est devenue de plus en plus grande. Ainsi, fin 1987, j'ai décidé de quitter mon poste au bout de trois ans et demi et de la laisser prendre le pas dans l'entreprise car ses qualifications étaient inférieures aux miennes. Bien entendu, il n'y a pas eu non plus de règlement de deux salaires, puisque je m'étais résigné. J'ai vérifié la prétendue grossesse de ma petite amie à l'époque quelque temps plus tard, mais elle n'a probablement jamais été enceinte. J'étais désolé pour cette position car j'avais beaucoup appris, même si les conditions n'étaient pas toujours les meilleures.

Janvier 1988 employé par le père

Comme mon père avait 58 ans cette année, j'ai décidé de commencer à travailler pour lui en tant que commis de bureau, ce qui signifie que j'étais plus ou moins indépendant à ce stade, car un père ne peut pas trop en faire pour son fils. Comme j'avais la comptabilité à l'école professionnelle, nous avons décidé que nous ferions la comptabilité nous-mêmes. Notre conseiller fiscal était uniquement chargé de préparer la déclaration fiscale ou le bilan correspondant et de le soumettre au bureau des impôts. En 1989, le même conseiller fiscal a déclaré qu'un montant de 0,25 S dans le bilan n'était qu'un montant de Mickey Mouse et n'était donc pas pertinent. Nous avons donc résilié notre contrat avec lui et pour les années suivantes j'ai préparé moi-même les déclarations de revenus et le bilan qui en découle. Bien sûr, le seul inconvénient était que je n'avais aucune expérience en la matière. Ainsi, l'année suivante, j'ai reçu une lettre du bureau des impôts compétent. Quand je l'ai ouvert, j'ai lu une stipulation de 1,5 million de schillings en souffrance. Heureusement, j'étais assis quand j'ai ouvert cette lettre. J'ai fait une erreur de virgule en remplissant le formulaire correspondant. Après environ 4 à 5 rendez-vous, j'ai corrigé cela. Pendant ce temps j'avais une centaine de colporteurs (clients) que je devais livrer chaque jour, très peu avaient le temps de venir dans nos locaux commerciaux dans le 20ème arrondissement. Pour expliquer qu'un colporteur était une personne qui vendait des journaux quotidiens le soir ou le matin avec des vestes colorées sur les places, les gares et les rues. Pour moi, ils ont toujours été considérés comme des commerçants indépendants. Cela signifie qu'ils m'ont acheté des magazines, c'est-à-dire des ouvrages imprimés périodiques, à un certain rabais, puis les ont revendus à un prix de fin de vente fixe qui est spécifié sur chaque produit. L'inconvénient de cette industrie est qu'il y a un droit de retour de 100 pour cent. Si un client m'achetait 10 pièces d'un magazine et n'en vendait que 5, il pouvait me retourner les 5 pièces restantes lorsque le magazine était neuf et celles-ci étaient alors déduites. Bien sûr, j'avais aussi le droit avec mes fournisseurs, comme les grossistes et les éditeurs. Le tout était bien entendu associé à un temps énorme et, surtout, à un contrôle précis des factures respectives. Ainsi, une semaine de 50 à 60 heures n'était pas l'exception, mais plutôt la règle.

Travail indépendant de septembre 1992

Mon père avait 62 ans cette année et j'ai dû faire valoir de nombreux arguments qu'il avait finalement pris sa retraite après 47 ans de cotisations. Cela ne lui aurait pas rapporté grand-chose financièrement. J'ai donc repris ce grossiste de magazines avec deux licences commerciales, il n'y avait pas d'autre moyen à l'époque. Signifie deux adhésions à la division de la chambre et, par conséquent, deux cotisations pour celle-ci. Puis deux à trois ans plus tard, un concurrent est apparu. Ce M. Robin a eu l'opportunité de monter son propre colportage à partir d'un plus petit quotidien. En d'autres termes, il a fourni à plusieurs étrangers des vestes et des journaux quotidiens et a distribué ces personnes dans tout Vienne. Au fil du temps, cependant, j'ai appris que cet homme ne donnait pas les places gratuitement, mais exigeait plutôt un acompte de 5 à 6 chiffres en shillings à chaque personne et cela avant même qu'une place ne lui soit attribuée. Étant donné que, pour autant que je sache, cela n'a été écrit que très peu par écrit, je soupçonnais déjà à ce stade que cela irait mal à un moment donné. Comme cela ne me concernait pas beaucoup, je le laissai régner. Puis un jour, il est venu me voir et m'a dit que nous pouvions conclure des contre-accords, ce à quoi je n'avais aucune objection. J'ai eu des magazines de certains éditeurs viennois en bons termes et ce n'était pas très différent avec lui. Cela s'est bien passé pendant un certain temps, il m'a livré, moi à lui et c'était compensé. Mais un jour, ce n'était pas une somme énorme à obtenir, le téléphone a sonné et Robin était en ligne. Il m'a dit que je lui devais encore quelque chose et qu'il voulait le réclamer. Cela m'a rendu tellement furieux que j'ai dit que j'avais renoncé à ma demande et que je ne voulais plus avoir de ses nouvelles. Oui, eh bien, c'était juste mon souhait. Il a embauché de plus en plus d'Arabes, de Pakistanais et d'Indiens et s'est finalement tourné vers mes deux principaux fournisseurs. Le contexte est que lorsque j'ai commencé à travailler dans le commerce de gros de magazines, j'ai parlé à ces deux fournisseurs pour obtenir une remise de 4,9% plus élevée. Cela signifie au lieu de 28,2% le plus élevé avec 33,1% brut. Ma demande est restée sans réponse même lorsque je me suis rendu au siège d'un fournisseur à Salzbourg, j'avais alors atteint l'augmentation des remises environ 10 ans plus tard. M. Robin est allé voir ces deux fournisseurs avec n'importe quoi et a immédiatement eu la remise la plus élevée, ce qui était clair pour moi, mais je ne donnerai pas celui-ci de ma part.

Locaux commerciaux dans le 20e
arrondissement avec père

Novembre 1988

J'avais maintenant 28 ans, mes amis de
Basse-Autriche s'étaient séparés dans tout
l'État fédéral, en partie pour des raisons
professionnelles, en partie pour des raisons
de partenariat, et j'étais donc seul. Encore
une fois, c'était un samedi si fade et puis j'ai
eu l'idée qu'il y avait deux filles vivant là-bas
à 30 kilomètres, que je connaissais déjà
depuis mon enfance quand je passais l'été

avec mon frère et ma mère en Basse-Autriche. Alors je suis monté dans ma voiture et j'ai conduit jusqu'à cette ville de 800 habitants. J'ai trouvé non seulement deux filles, mais 3. L'amie de la femme plus âgée était en visite. Peu de temps après, j'ai suggéré que nous puissions aller danser. L'amie a dit qu'elle était fatiguée et qu'elle a dû rentrer chez son mari. Il me restait donc les deux et après un certain temps de maquillage et de mise en plis, le moment était venu. Nous avons conduit ma voiture à environ 60 kilomètres jusqu'au quartier voisin, il y avait très peu dans la région à cet égard. Et bien maintenant j'étais assis là dans la discothèque avec deux filles, une de cinq ans de moins et pas forcément jolie, et l'autre, d'un an de plus et assez « habillée ». Maintenant, je n'avais pas d'autre choix que d'alterner entre danser avec l'un puis avec l'autre, et cela pour moi, quand j'étais un danseur si talentueux. Au cours de la soirée, il était déjà minuit passé, le 13 novembre, alors que j'étais assis à table, j'ai remarqué qu'un genou continuait à heurter le mien et puis il est resté. Je pense que les danses suivantes ont complété l'approche des plus anciennes et c'est venu comme il fallait.

C'était merveilleux. Cela a ensuite duré une bonne vingtaine d'années.

Automne 1995

Comme mon concurrent devenait de plus en plus agressif à l'égard de la vente de journaux et de magazines, et qu'il recourait à des remises plus élevées pour ses colporteurs, je devais aussi réagir. Heureusement, j'avais à l'époque quelques éditeurs autrichiens sur lesquels je pouvais vivre, car au moins à ce moment-là il n'y avait rien à faire avec lesdits grossistes. Cela s'exprimait par le fait que je ne pouvais vendre mes marchandises qu'en cachette, car chaque fois que je venais chez mes clients - et cela depuis des années - il y avait toujours un Arabe qui pouvait être affecté à la société Robin, avec mon acheteur et ainsi empêché ma vente. J'ai donc dû mettre mes magazines en vente de manière détournée, car l'acheteur de mes marchandises aurait subi des désavantages financiers s'il avait été vu acheter chez moi. Mais comme l'intelligence de ces organes de contrôle n'était pas forcément la plus élevée, je n'arrêtais pas d'élever mes biens, même avec des difficultés. A cette époque, j'ai pu augmenter les ventes (environ 600 000 schillings au total au bilan) et le nombre de magazines énormément, de sorte que mon principal fournisseur est venu me voir dans un gros camion dans le 20e arrondissement, où j'avais repris les locaux commerciaux de mon père. Il y avait souvent 2 palettes de marchandises avec 10 000 magasins. A cette époque, j'avais grimpé si loin, probablement pour des raisons de compétition, que la semaine s'étalait du lundi au dimanche. Mon partenaire Britta, depuis 1988, s'était plaint à juste titre de cela et j'ai dû changer cela, et j'ai donc au moins pris le week-end. Mais comme je suis un peu têtu et que je ferai ce que j'ai prévu de faire. Les choses se sont donc passées comme il fallait : en février 1998, j'ai vu par hasard qu'un des deux principaux fournisseurs avait cessé de livrer à la société Robin. Quelques jours plus tard, j'ai pu établir officiellement que l'entreprise de Robin était en faillite. Le montant de la faillite s'élevait à 35 millions d'ATS. Ce montant ne comprenait certainement qu'une petite partie des acomptes que M. Robin et ses employés prenaient aux colporteurs. On disait qu'il avait volé environ 15 millions de schillings à ses 100 à 200 colporteurs. J'ai aussi appris qu'après la faillite, cet homme n'osait sortir dans la rue qu'avec des gardes du corps, probablement à cause des acomptes retenus. En raison de la faillite, ils étaient soudainement prêts à m'accorder la remise la plus élevée de 33,1 bruts. Oui, mais il était déjà trop tard à ce moment-là.

Vacances de juillet 1998

Après n'avoir jamais été fan des vacances, j'ai quand même passé 2 semaines de vacances en Crète, qui à ce jour ont probablement été les plus belles de ma vie jusqu'à présent. Il y avait aussi des expériences qui sont restées gravées dans ma mémoire : nous, ma compagne Britta et moi, avions emprunté un cyclomoteur. La seule chose stupide était que c'était un semi-automatique. En d'autres termes, nous étions tous les deux assis sur ce véhicule et j'ai apparemment laissé l'embrayage venir trop vite et mon partenaire était donc assis par terre. Eh bien, oui, à mi-chemin du premier obstacle. Le propriétaire nous a dit que nous n'étions autorisés à conduire que dans un rayon de 50 kilomètres. Nous avons entendu cela et avons commencé notre voyage. Mais comme cette île a l'inconvénient que, contrairement à nous, vous deviez remonter chaque montagne et redescendre, alors nous l'avons fait aussi et les 50 kilomètres ont été oubliés. Au sommet de la montagne, nous avons fait une pause et nous nous sommes assis sur l'herbe. Puis Britta a soudainement dit qu'elle avait vu quelque chose d'orange dans le bosquet voisin. Sur un coup de tête, nous avons grimpé sous la clôture et avons trouvé une orange qui a apparemment été négligée pendant la récolte. Bien sûr, nous les avons choisis tout de suite. Lorsque nous l'avons épluché, une odeur incroyablement forte nous est parvenue au nez et, surtout, le plaisir de ce fruit était indescriptible. Ensuite, nous avons continué notre route, car nous voulions vraiment aller dans la montagne voisine dans un monastère. Il était midi et le soleil tapait fort. La route n'était pas goudronnée, c'était une route en gravier. Néanmoins, nous avons continué notre voyage. Soudain, j'ai remarqué que le cyclomoteur ne réagissait plus comme je le voulais. Nous avions un "appartement". Il n'y avait rien de loin. Nous avons donc dû pousser le véhicule dans la plus grande chaleur jusqu'à la prochaine station-service, qui se trouvait en toute sécurité à 5 kilomètres. Nous n'avions rien dit au propriétaire de ce qui nous était arrivé, mais c'était une expérience pour nous deux.

Quelques jours plus tard, l'hôtel où nous logions organisait un safari en jeep. Autant que je me souvienne, il y avait au moins 10 jeeps remplies de nourriture et nous avons traversé l'île du nord au sud et d'est en ouest jusqu'à ce que nous arrivions à Elafonisi (les Maldives de Crète). Oui, nous avions assez de nourriture, de la viande à la salade, mais ce qui manquait, c'était les couverts. Alors les femmes allèrent à la mer, se lavèrent les mains et préparèrent les salades avec leurs mains. En tout cas, c'était bon. Un an plus tard, toujours en juillet, nous sommes partis en vacances à Lanzarote. Nous n'avons pas trop aimé là-bas, car toute la région nous semblait très stérile, nous ne pouvions pas non plus nous baigner dans la mer, l'eau était très froide (océan Atlantique). Et encore un an après juillet 2000, nous sommes restés quelques jours dans une maison d'hôtes en Styrie, d'où nous avons fait quelques randonnées. Depuis, je n'ai pratiquement pas pris de vacances, sauf en 2017 pour l'Italie en quelques jours en bus, ce qui bien sûr était plus épuisant que de prendre l'avion.

Août 2000

Lorsque nous sommes revenus de nos vacances autrichiennes (3 jours - voyage Autriche) en juillet 2000, Britta m'a dit qu'elle avait des douleurs abdominales et qu'elle avait déjà un rendez-vous avec le gynécologue à ce sujet. Après ce rendez-vous, elle m'a appelé tout de suite : j'étais bien sûr inquiète et elle a dit : Quelle bonne chose. Qu'est-ce que c'était censé être ? Elle a dit que je serais papa. J'étais étonné, mais nous tenions tous les deux pour acquis que nous serions là pour cet enfant. Le sujet de l'avortement n'a jamais été abordé, et c'était bien, du moins au moment où je l'ai découvert. La date d'échéance a été fixée au début du mois de mars 2001. Le 24 février 2001, un samedi, Britta m'a réveillé le matin et m'a dit que le moment était venu. Pour mon travail, j'avais une camionnette qui prenait des années. Il a aussi beaucoup neigé la veille. Nous avons donc roulé environ 50 kilomètres jusqu'à l'hôpital sans chauffage dans la voiture, car cela ne fonctionnait pas. Lorsqu'ils sont arrivés à l'hôpital, ils ont réalisé que cela prendrait du temps. Nous sommes donc juste allés nous promener dans la neige dans le complexe. Le soir, je l'ai laissée en lui demandant d'être informé, quelle que soit l'heure de la journée, s'il venait. Aucun appel n'est venu, alors je me suis rendu à l'hôpital à 8 heures du matin le mardi gras. Quand j'ai ouvert la porte de sa chambre, elle m'a accueilli avec le mot : Surprise ! Un instant plus tard, la porte s'ouvrit à nouveau et une infirmière m'amena mon fils. Ce dont je me souviendrai pour toujours, c'est le moment où je l'ai tenu dans mes mains pour la première fois. Indescriptible.

Mon fils à 10 mois

<u>1990 - 1991 appartement</u>

Jusque-là, je vivais dans le petit appartement que j'avais quand j'avais 18 ans. Mais comme la gestion immobilière et le propriétaire de l'immeuble souhaitaient une rénovation générale de la maison, j'ai dû déménager d'un étage dans un appartement légèrement plus grand. Mon appartement a été fusionné avec l'appartement voisin avec la promesse que je pourrais revenir dans l'appartement de 70 mètres carrés une fois les travaux terminés. Cela a également été observé et en 1991, j'ai emménagé dans cet appartement. Mais comme ma dépendance s'est aggravée au fil des ans, ce dont je n'étais pas au courant à l'époque, j'ai pris du retard dans le paiement du loyer. Il s'en est suivi, comme il le fallait, un procès en expulsion. Britta et moi cherchions un appartement. Elle a trouvé ce qu'elle cherchait dans une annonce dans un journal. Une maisonnette dans le 2ème arrondissement avec un loyer d'environ 10 000 schillings. J'ai fait remarquer que je ne pouvais pas me le permettre, mais ce n'était pas nécessairement accepté. Par conséquent, j'ai restitué l'appartement du 20e arrondissement sans avis d'expulsion et j'ai déménagé dans le 2e arrondissement. Mais comme ma passion pour le jeu ne s'était pas améliorée, mais plutôt empirée, je me suis vite retrouvé face au même résultat que dans le 20e arrondissement. J'ai donc cherché moi-même un Garcionerre dans le 20e arrondissement que je pourrais peut-être me permettre.

1980 – dépendance

Tout a commencé petit, a jeté quelques schillings dans une machine et a peut-être gagné quelque chose une fois, mais a jeté cela directement dans ce seau, parce que le gros profit est à venir. Il m'a fallu environ 15 ans pour réaliser que j'étais accro au jeu. Mon partenaire Britta m'a encouragé à suivre une thérapie, mais je devais aussi admettre que j'étais accro à cela. J'ai donc cherché de l'aide auprès de Gamblers Anonymous. Il y avait des thérapies de groupe une fois par semaine et des thérapies individuelles sur rendez-vous. La thérapie individuelle m'a causé une dépression nerveuse parce que je n'avais jamais rien vécu de tel auparavant, d'autant plus que le thérapeute était allé très loin. La thérapie de groupe n'a pas forcément été un succès car je suis monté dans la voiture après la séance et je me suis retrouvé à nouveau dans une salle d'arcade. Je ne voyais donc aucun intérêt à cette thérapie.

Apparemment, je devais faire plus à cet égard. Britta m'a posé des questions sur les progrès de cette thérapie ou si j'avais arrêté de jouer. Je réponds par "oui", que j'aurais arrêté de jouer. Autant que je sache, c'était la seule fois en 20 ans de partenariat où je lui avais menti. Mais j'avais aussi l'habitude d'éviter habilement les questions sensibles, notamment celles d'ordre financier. Alors à ce moment-là, je ne voyais aucune issue et les pensées suicidaires se rapprochaient de plus en plus.

Faillite de juin 2001

Le 15 février 2001, dix jours avant la naissance de mon fils, j'ai eu une négociation de faillite. Cela a été précédé par la soumission de ma propre initiative ou de mon accord commercial. J'en ai parlé au juge et nous avons pu obtenir un taux d'indemnisation d'environ 13,84 % que nous pouvions offrir aux créanciers. Lors de cette audience devant le tribunal de commerce de Vienne, deux représentants des créanciers d'une vingtaine de créanciers étaient présents. Le quota proposé n'a pas été accepté par les avocats de l'association de protection du crédit et de l'AKV. Mi-juin 2001, les autorités municipales du 20e arrondissement m'ont demandé de rendre les deux autorisations de commerce que j'avais depuis près de 9 ans. La raison en était que j'avais accumulé pas mal de dettes au fil du temps. Je l'ai fait et j'ai ensuite été inscrit au chômage. Mon père, qui était à la retraite à l'époque, a racheté sa licence commerciale pour la vente en gros de magazines. Et ainsi les affaires ont continué, mais cela ne m'a pas empêché de jouer et, surtout, de faire quelque chose.

2000 magistrat / finances

Au tournant du millénaire, mes clients n'arrêtaient pas de venir me voir et de me demander confirmation de leurs revenus. En d'autres termes, les bureaux respectifs exigent une preuve de revenu correspondante lors de la prolongation ou de la nouvelle présentation d'un permis de séjour. Il était officiellement prévu qu'une personne vivant en Autriche ait un revenu minimum de 700 €. Pour moi, c'était facile à déterminer car il y avait une remise fixe et un prix de vente au détail. Alors je vous les ai écrits si le montant était suffisant et vous avez reçu votre papier correspondant du magistrat. Jamais je n'avais reçu d'argent pour l'émission de ce papier, du moins pas avant 2006. Pour moi, ces personnes étaient également des commerçants indépendants et devaient également transférer le montant que j'avais écrit au canal d'évaluation. Qu'ils aient réellement pratiqué cela est au-delà de ma connaissance. Mais j'ai aussi défini cela sur les papiers exposés.

Mars 2006 décès de mon père Le 25 février 2006, mes parents sont venus chez nous, Britta, mon fils Gregor et moi en Basse-Autriche. Mon conjoint l'a invitée pour les 5 ans de mon fils. Après avoir pris sa retraite en 1992, mon père a pris environ dix livres. Il n'était pas gros, mais savourait pleinement le repas. Bien sûr, mon fils l'avait déjà découvert à l'âge de 5 ans, alors il a bombardé mon père de pâtisseries au goûter. Grand-père prends le gâteau, je sais que tu aimes grignoter aussi. Un quart d'heure plus tard, il est venu avec un beignet et grand-père l'a pris et a mangé. Le lendemain matin à la boutique vers 7 heures mon père était déjà là, comme d'habitude. Nous sommes montés dans la voiture et avons conduit jusqu'à un client. Sur le trajet, il m'a dit qu'il avait si mal dormi cette nuit-là. De plus, il se levait toutes les demi-heures pour aller aux toilettes avec des douleurs thoraciques correspondantes. Lorsque nous avons repris nos affaires une heure plus tard, je lui ai demandé d'urgence d'aller voir notre médecin dans la même rue pour voir. Eh bien, oui, c'était l'hiver le 26 février 2006 et mon père est allé chez le médecin à contrecœur seulement en pull. Au bout d'une heure mon téléphone a sonné et c'était son tour. Je devrais lui apporter une veste chez l'interniste en bas de la rue, car le médecin de famille l'aurait immédiatement envoyé chez l'interniste avec le soupçon d'une crise cardiaque. Ce médecin ne s'est pas laissé emmener là-bas pour un diagnostic et a immédiatement appelé l'ambulance pour les emmener à l'hôpital. En arrivant à l'hôpital, les soupçons que soupçonnaient les deux médecins se sont confirmés. Là, il a été contrôlé pendant 11 jours et libéré le 10 mars, un vendredi. Le 13 mars au matin, comme toujours, j'entrais dans la boutique vers 7 heures du matin et mon père était déjà là. Puisque la première chose que je fais le matin était de poser un café, je l'ai fait aussi ce jour-là. Pendant ce temps, j'ai remarqué que mon père allait dans les toilettes du couloir. Comme d'habitude, j'ai installé un café pour ma mère au premier étage de la même maison et suis allé au fond du magasin dans la cage d'escalier. J'ai remarqué que la lumière était allumée dans nos toilettes du couloir (verre opaque) et je savais que cela ne pouvait être que mon père, mais 10 à 15 minutes s'étaient écoulées lorsque je l'ai vu pour la dernière fois. Je suis ensuite allé à l'appartement de mes parents et je lui ai parlé un moment. Lorsque je suis passé à nouveau devant les toilettes, la lumière était toujours allumée et est entrée dans le magasin, mais il n'y avait personne. Je suis donc retourné aux toilettes et j'ai frappé à la fenêtre, mais il n'y a eu aucune réaction. Entre-temps, la voisine qui habitait à côté était sortie de son appartement. Mais comme il n'y avait pas eu de réaction dans les toilettes, je n'avais pas d'autre choix que de casser la vitre de la porte avec mon coude. Là-dessus le vit déjà assis appuyer contre le mur et avec du sang de son nez. Le voisin a immédiatement appelé l'ambulance et m'a également apporté des vêtements pour le sol du couloir afin que je puisse les mettre. Les secours sont arrivés assez rapidement et ils ont essayé de le ramener avec un défibrillateur, mais en vain. L'ambulance a informé le médecin militaire qu'il devait déterminer le décès. Entre-temps, la police est également venue, où un homme s'est tenu à côté du mort jusqu'à l'arrivée du médecin. Cela est arrivé après environ 3 heures. La première de ses questions était de savoir s'il y avait des découvertes récentes auxquelles je pourrais bien sûr répondre. Quand il l'a parcouru, il a dit : Avec le cocktail, cela n'avait rien d'étonnant et mourir à Vienne lundi était défavorable, car nous avons un embouteillage. Si je n'avais pas été en deuil, je n'aurais pas pu me contrôler sur de telles déclarations. Mais ce qui me touchait encore, c'est que je devais le dire à ma mère, qui était dans son appartement. Et le problème suivant était d'informer mon frère, qui n'avait plus de contact depuis environ 20 ans, que notre père était décédé. Il s'était brouillé avec ses parents à propos de l'héritage auquel il avait droit. Mais il était là en moins d'une heure sans aucun gros mot. Le 24 mars 2006, nous l'avons fait enterrer au cimetière central de Vienne. Puis quand le cercueil a été abaissé, j'ai eu un événement décisif. J'ai beaucoup hérité de mon père, y compris le fait qu'on ne peut pas parler des problèmes et qu'on les évitait sans cesse, maintenant c'était trop tard.

Mars 2006 extorsion

Le 14 mars, j'ai rendu les deux licences commerciales de mon père au magistrat compétent du 20e arrondissement. Je connaissais déjà la manipulation à cet égard. Le 20 mars, mon téléphone a sonné et le numéro a été caché. A l'autre bout du fil se trouvait un homme qui ne m'a pas dit de nom, même si je lui ai demandé plusieurs fois au cours de la conversation. Il a dit que je devrais continuer à écrire les confirmations que j'écris depuis le début du millénaire. Quand je lui ai demandé pourquoi je devais faire cela, il m'a parlé des circonstances de l'endroit où mon fils a grandi que vous ne pouviez connaître que si vous y étiez. Par exemple, quand il est allé à la maternelle aujourd'hui, etc. Cela m'a bien sûr énervé et je l'ai menacé. Sa réponse était seulement qu'après l'appel précédent, il m'enverrait un étranger et que je devrais émettre une confirmation. Je devrais facturer 10 € pour un mois et 15 € pour plusieurs mois, que ces personnes paieraient ensuite. Au début, j'ai refusé, bien sûr, arguant que je ne pouvais plus écrire cela parce que je n'avais pas droit au commerce, mais avec le temps, les informations sur mon fils, ce qu'il faisait, sont devenues de plus en plus réelles et j'ai dû assumer qu'il est resté près de Gregor, ce qui a été prouvé un an plus tard. Dans le village d'environ 800 habitants et d'une superficie de 34 kilomètres carrés, les étrangers attirent naturellement l'attention, surtout lorsqu'ils conduisent devant des bâtiments publics, comme une école ou un jardin d'enfants. Maintenant, j'avais le choix d'aller à la police et de déposer un rapport, s'il était accepté, et la protection de mon fils sera assignée pendant une semaine ou deux, puis je dois trembler pour savoir si l'homme peut penser à quelque chose. L'autre option était que je le fasse à ma façon, ce que j'ai lu moi-même pour le faire quelles que soient les conséquences. Alors les appels arrivaient plusieurs fois par semaine avec des numéros supprimés et les étrangers, que je ne connaissais que partiellement, recevaient leurs confirmations contre paiement. Quand j'ai demandé aux gens d'où ils étaient en contact, je n'ai eu aucune information. J'ai donc décidé de suivre ces personnes, mais au moins au début c'était sans espoir. Entre-temps, c'était déjà l'automne 2007, mon fils est allé à l'école primaire. Dans le village, un homme a été observé à divers endroits où l'on supposait qu'il était un pédophile, car il a été vu à plusieurs reprises à l'école ou à la maternelle. Mais c'était une erreur, tout était fait pour moi. Un vendredi après l'école, comme chaque jour d'école, mon fils a pris le bus scolaire pour rentrer chez lui. Comme le chemin à environ 500 mètres du point de sortie jusqu'au lieu de résidence n'était pas entièrement visible, une voiture est soudainement venue de la rue latérale, s'est arrêtée chez mon fils et la porte du passager s'est ouverte. Un homme lui a parlé et a voulu lui donner des bonbons. Mon fils a réagi une fois et a immédiatement couru vers la maison où mon partenaire l'attendait. Elle a vu le véhicule et a également appelé la police, mais jusqu'à ce qu'ils arrivent, le chauffeur était au-dessus des montagnes malgré l'impasse. Quand mon fils m'en a parlé le même jour, vendredi soir, j'en ai parlé à ma compagne et lui ai dit que ce n'était pas un pédophile, ça m'aurait concerné, mais elle s'en est tenue à la version du pédophile.

13 décembre 2006

C'était un vendredi et encore un 13. J'étais assis dans le magasin qui avait deux sorties, une vers la cour de la maison et une vers la rue. J'écrivais sur mes programmes, comme je l'avais fait pendant longtemps, et j'étais absorbé en conséquence. Soudain, on frappa à la porte de la cour, j'avais verrouillé l'autre porte. C'était vers midi et j'ai supposé que ce fût une fête à la maison. Quand j'ai ouvert la porte, il y avait un homme d'environ 190 cm de haut avec une apparence soignée. Il s'est identifié avec son nom et sa pièce d'identité en tant que « directeur officiel » du bureau des impôts de Vienne. Maintenant, il a dit, tenant une feuille de papier A4 dans sa main, qu'il tenait une confirmation dans sa main où se trouvaient le cachet de mon entreprise et ma signature. Il a également affirmé qu'il était imprimé des deux côtés. Il a également demandé s'il pouvait entrer, ce que je n'ai pas refusé. Mais j'ai immédiatement dû réfuter ses affirmations. D'une part, je n'avais jamais donné de papiers de ma main qui étaient imprimés recto-verso, et d'autre part, je n'avais pas non plus apposé de tampon sur de telles lettres, qui était déjà inclus dans le programme que j'avais écrit pour eux moi-mêmes. Je n'ai jamais eu la lettre sur laquelle cette réclamation était basée. Maintenant, il a dit s'il pouvait regarder dans mon stand PC, ce que je n'ai pas refusé. Il voulait aussi regarder et prendre des photos de mes relevés bancaires, que j'avais sur l'étagère derrière moi, ce que je n'ai pas refusé, car je n'avais conscience d'aucune culpabilité. Maintenant, il a commencé à prendre ses minutes. Lorsqu'il m'a demandé comment de telles confirmations de revenus se produisaient, à partir de quand et pourquoi, il a conclu la visite par la question de savoir ce que j'aurais reçu pour cela, et il parlait non seulement d'argent, mais aussi de biens naturels. Que dois-je lui répondre maintenant, car entre-temps je me suis rendu compte qu'il avait besoin de son sens de l'accomplissement, et d'un autre côté j'avais toujours mon maître chanteur à ce stade, qui m'a mis pas mal de pression. J'ai donc répondu à sa question par la réponse : je n'ai rien reçu en retour. Sa réaction fut qu'il n'y croyait pas. L'année suivante, il est venu deux fois de plus dans ma boutique sans préavis et a continué à chercher. La dernière fois, il m'a demandé s'il pouvait emmener le stand PC avec lui au bureau des impôts, ce à quoi j'ai répondu par l'affirmative après un certain temps de réflexion. Le temps de penser au fait que cela n'aurait pas forcément été bénéfique pour l'ordinateur, mais bien sûr je n'avais rien à cacher. Je l'ai remis en état de marche dans les deux jours, mais il ne m'a pas dit si quelque chose d'illégal avait été trouvé ou non. Jusqu'ici tout va bien ou pas. A l'automne 2007, il y a ensuite eu une « invitation » au bureau des impôts du 22e arrondissement. Là, il m'a offert les résultats de son contrôle fiscal, comme on l'appelle en allemand financier. Il m'avait déjà indiqué qu'il devrait m'apprécier si je ne lui disais pas ce que je ferais pour l'émission des comptes de résultat et nous nous sommes donc mis d'accord sur ce nom. Son estimation était qu'il pensait que j'aurais reçu 100 € pour chaque confirmation, commençant par 1998 et se terminant en 2008. Autrement dit, un revenu de 40 000 € et une dépense « accommodante » moins 50 %. Ainsi, à ses yeux, j'avais gagné 20.000 € année après année avec ce travail, ce qui se traduisait aussi par l'impôt sur le revenu correspondant modeste. D'un seul coup, j'ai eu deux réclamations de l'administration fiscale et de la compagnie d'assurance maladie d'un montant à 6 chiffres, contre lesquelles j'ai immédiatement répondu en faisant appel au sénat des finances de l'époque en tant qu'organe supérieur des administrations fiscales, aujourd'hui, à ma connaissance, c'est le parquet financier. Toutes les nominations, et cela faisait 9 ans à l'époque, ont été rejetées ou rejetées par les différents bureaux. L'État ou ses fonctionnaires ont le plus souvent raison, le citoyen à peine. Ce à quoi je ne m'attendais pas à l'époque, cependant, était le fait que ce directeur officiel, non seulement le considérait comme une infraction financière, mais aussi comme une violation de la loi. Après avoir terminé son examen en 2008, il a transmis les données qu'il avait construites, dont il n'a jamais pu fournir de preuves, au procureur de la République de Vienne aux fins d'un contrôle d'illégalité. En plus de mes nominations en 2008, pour les années 2006 à 2008, lorsque j'ai enfin mis la main sur mon maître chanteur, j'ai établi les déclarations de revenus de ces 3 années pour un total de 2 500 € de revenus issus de l'établissement des comptes de résultat, qui n'ont pas été pris en compte à ce jour. Dans les années 1998 jusqu'à et y compris 2005, je n'ai eu aucun apport en raison de cette circonstance. Ce ministère public a également réagi sous la forme des tribunaux de district respectifs, où entre 2009 et 2011, j'ai été « demandé » de comparaître en tant que témoin d'une centaine de citations à comparaître. Le processus y était toujours le même. La teneur de base de mes interrogatoires par le tribunal respectif était toujours la même. On m'a demandé si j'avais publié ce document et bien sûr pourquoi. Il y avait toujours un étranger assis en face de moi qui, entre autres, était accusé par le service municipal 35 d'avoir obtenu ou acheté un titre de séjour avec une telle confirmation. Le papier sur lequel était basé ce processus m'a été présenté et je devais déterminer si je l'avais émis ou non. 90% d'entre eux étaient mes papiers, mais il y avait aussi des faux, ce que prétend le directeur général. Les étrangers accusés, que je connaissais au moins en apparence, obtenaient, s'ils étaient réellement reconnus coupables, de 2 mois à trois ans, conditionnellement, pas plus. Comme je l'ai déjà mentionné, j'ai finalement pu joindre le maître chanteur en mai 2008 en suivant à nouveau un prétendu colporteur après qu'il eut reçu une confirmation de ma part. Avec des arguments "puissants", j'ai imploré cet homme de supprimer mon numéro immédiatement et de ne plus jamais me rappeler. Je n'avais pas beaucoup d'espoir, mais il l'a gardé pour une raison quelconque et je ne l'ai plus jamais revu ni entendu parler de lui, mais j'avais également changé mon numéro de téléphone portable. Je n'avais jamais pu savoir ce qu'il en retirait ou non. Au printemps 2010, j'ai soudainement reçu une lettre recommandée du procureur de la République de Vienne - Tribunal pénal de Vienne. Dans ce document, j'ai été invité à comparaître en tant que suspect au bureau du procureur de la République pour un interrogatoire. Je me suis conformé à cela et me suis assis en face du procureur de la République. J'ai été accusé d'avoir publié des déclarations de revenus non conformes à la loi. Comme cet homme d'âge moyen avait quelques dossiers devant lui, il les feuilleta et me demanda s'il connaissait le nom qu'il lisait là et, surtout, comment de tels papiers étaient nés. J'ai ensuite confirmé ses questions, mais lui ai demandé de me montrer les confirmations, où je pouvais à nouveau reconnaître environ 10 % de faux, qu'il a également vus. Pour autant que je me souvienne, il était avec lui une deuxième fois cette année. Le tout n'était qu'un interrogatoire d'un accusé de la part du procureur de la République. Au printemps 2011, j'ai reçu une autre lettre recommandée, mais cette fois du tribunal correctionnel de Vienne, où je devais me rendre en tant qu'accusé. J'y ai rencontré un juge, le procureur de la République, que je connaissais maintenant, et mon avocat de la défense, qui, lors de ma première rencontre avec lui, s'était plaint d'avoir dû lire 6 000 pages de documents judiciaires pour le procès. Il s'agissait maintenant de cette négociation, où naturellement toutes les parties ont posé des questions. La question de savoir si j'avais reçu de l'argent pour cette émission de papiers était d'une importance secondaire, tout comme lors de l'interrogatoire du procureur de la République. J'ai pu convaincre le juge du mieux possible avec mes réponses et mes arguments. Mon avocat était plus réticent, se contentant de creuser un précédent qui n'avait que très peu à voir avec mon acte d'accusation. Le procureur s'est montré un peu plus persistant et a posé des questions assez vives. Résultat de ce procès, le juge a annoncé le verdict, 24 mois d'emprisonnement, ne signifie pas de prison. Après le prononcé du verdict, il m'a informé de ma décision à ce sujet ; Pour accepter le jugement immédiatement, 3 jours pour examiner ou faire appel immédiatement. Je ne m'y attendais vraiment pas, car je supposais que je pouvais quitter le tribunal en tant qu'homme libre et innocent. J'ai donc regardé mon avocat de la défense et lui ai montré 3 doigts pendant 3 jours pour y réfléchir. Mais voyant que le procureur a vu mon hésitation, il a dit qu'il ferait appel ou intenterait une action en justice. En février 2012, la deuxième audience devant le tribunal régional supérieur de Vienne a eu lieu, où j'ai supposé que le verdict serait en ma faveur. Je suis donc entré dans la salle d'audience à l'heure prescrite et j'ai trouvé un sénat de juges. Lorsque mes données ont été vérifiées, l'un des juges m'a parlé : Le jugement du tribunal pénal de Vienne sera modifié en 16 mois avec sursis et 8 mois sans conditions. Ma réaction à ça : ça ne peut pas être ça ! Le juge a dit : Si vous n'avez pas compris le verdict, vous devrez être détenu pendant 8 mois. Pour moi, un monde s'est effondré. D'une part, j'avais émis ces papiers de bonne foi jusqu'à ce qu'on me fasse chanter ; d'autre part, je voulais protéger mon fils, qui s'est mal passé dans la culotte. Je n'ai presque jamais eu d'avantage financier et j'ai été puni pour cela. Bien sûr, j'ai demandé à mon avocat ce qui pouvait être fait d'autre à cet égard, mais j'ai dû me rendre compte qu'il n'y avait pas d'appel à ce jugement, seulement une requête. Mais il ne m'a immédiatement donné aucun espoir que quelque chose dans cette décision du tribunal régional supérieur changerait à la suite d'une telle requête. Mais je lui ai demandé de le faire. Mais ce fut aussi un échec. J'ai donc reçu une lettre du tribunal, où je devais être à la prison de Simmering le 10 avril 2012 au plus tard, pour commencer ma peine de 8 mois de prison.

2006 à 2011 tout sur les soins

A la mort de mon père en mars 2006, comme déjà évoqué, j'étais à nouveau confronté à une expulsion de mon Garcionerre dans le 20e arrondissement. Maintenant, après la mort de son mari, ma mère était complètement seule et qu'après presque 53 ans de mariage, le toit au-dessus de ma tête a été enlevé, donc que restait-il à part emménager dans un appartement de 75 mètres carrés avec l'argument sur ma part de lui donner une surveillance mutuelle, car elle était assez déprimée après la mort. A l'époque, je ne pouvais pas dire si ma décision était bonne ou pas, et elle avait déjà eu 2 coups derrière elle. Au moment du décès de son mari, elle pesait environ 80 kilos, n'était pas grosse mais trapue. La première année avec elle dans un appartement s'est plutôt bien passée, nous sommes allés faire du shopping, chez le médecin et pour des examens. À ce stade, elle devait prendre environ 10 comprimés par jour en raison de ses maladies antérieures. Parmi eux, il y avait un psychotrope, pour lequel je devais à chaque fois consulter un neurologue plutôt qu'un médecin de famille pour obtenir l'ordonnance. Je pense qu'il a été prescrit parce qu'elle était devenue de plus en plus déprimée. On dirait aussi que je faisais mon travail dans la même maison, séparée seulement par une cour. Ça veut dire que j'étais au rez-de-chaussée et elle dans l'appartement du premier étage. La deuxième année, son état a commencé à se détériorer rapidement, elle mangeait de moins en moins et ne voulait plus sortir. Je me souviens d'un épisode où nous faisions nos courses tous les deux à l'épicerie à environ 300 mètres et elle ne pouvait plus aller plus loin après avoir payé l'achat. Je l'ai donc assise dans le magasin, j'ai couru les 300 mètres jusqu'au magasin et j'ai récupéré mon toboggan, que j'avais depuis des années, je l'ai conduit dans le magasin, je l'ai mis sur le toboggan avec beaucoup de réticence et je l'ai ramené chez moi. Je me fichais de ce à quoi ça ressemblait. Toi pas forcément. Le tout donnait l'impression que je passais dans l'appartement avec elle du lundi au vendredi et que j'allais voir ma famille en Basse-Autriche vendredi soir, Gregor et

Britta. Mais comme elle ne devait pas forcément être seule le week-end, mon frère est passé deux à trois heures le samedi et ça a tourné à la farce presque à chaque fois. Une fois, il m'a appelé parce qu'il ne trouvait pas le médicament, une autre fois à cause d'une banalité. C'est-à-dire qu'il ne m'a pas été d'une grande aide à cet égard non plus. Mais depuis que la dépression grandissante, la paranoïa et la démence se sont ajoutées, la prise en charge de sa personne est devenue de plus en plus difficile, c'est-à-dire que les soins de 24 heures ont été pleinement utilisés. La journée, n'ayant plus la notion du temps, elle dormait et la nuit, quand je voulais dormir dans la pièce d'à côté, elle hantait l'appartement. Je n'ai même pas eu besoin de la récupérer dans le salon à minuit ou plus tard et de la remettre au lit. De plus, elle n'avait plus une vue d'ensemble des articles ménagers qu'elle avait. Il arriva qu'à 11 heures du matin, elle se tenait sur le balcon et m'appela fort car elle était debout, Peter, avait besoin d'au moins deux tubes de dentifrice. Puis je suis entré dans la cour, je l'ai vue gesticuler sauvagement sur le balcon et lui ai dit qu'elle devrait regarder dans la boîte, pour autant que je sache, il y avait au moins 10 tubes de dentifrice là-bas. Tout ce qu'elle a dit, c'est qu'elle saurait ce dont elle avait besoin et pas moi. J'ai donc dû lui acheter les tubes 11 et 12 immédiatement et immédiatement. Je n'ai jamais fait ça, que j'allais faire du shopping. La seule fois où je devais respirer, c'était les fois où elle passait d'un hôpital à l'autre, donc je n'ai eu qu'à lui rendre visite pendant environ une heure, car il n'y avait plus rien là-dedans. Il devenait de plus en plus difficile pour moi de lui parler car elle ne voyait aucune perspective. Dans les hôpitaux individuels, je pense qu'elle a "visité" presque tous les hôpitaux de Vienne, mais ils les ont gardés au maximum 10 jours, car physiquement ils n'ont rien trouvé et en ce qui concerne le psychisme, personne ne pouvait aider ça. Maintenant, mon cher frère, avec qui, comme je l'ai dit, je n'ai eu aucun contact pendant environ 20 ans, a eu la glorieuse idée de neutraliser sa mère. Pour ce faire, il s'est rendu au tribunal de district compétent et a déposé la demande. Mon opinion à ce sujet était qu'elle était certainement encore saine d'esprit, même si elle était déjà en passe de devenir folle. Ainsi, un soir, après notification préalable, un avocat du tribunal de grande instance est venu dans notre appartement. Ma mère et nous deux fils étions présents. Au début, il a posé ses questions à ma mère, qui y a répondu correctement, mais ensuite mon frère, qui avait fait la demande, a reçu une instruction assez solide de cet avocat. Il a dit que la femme était parfaitement saine d'esprit et pourquoi il avait fait la demande, à laquelle il ne pouvait bien sûr pas répondre. Cette demande a donc été rejetée. Jusqu'à ce point, ma relation avec mon frère était encore raisonnablement bien élevée et factuelle. Après cela, c'est devenu de pire en pire, jusqu'à et y compris des agressions physiques de sa part en présence de notre mère. En septembre 2010, elle a de nouveau fait le tour de l'appartement dans la journée et est tombée dans le salon. J'étais juste dehors à ce moment-là. A cette époque, elle était aide-ménagère trois fois par jour depuis environ 4 ans, car je n'étais pas toujours là et le résultat était un coffre à clés à l'entrée de l'appartement, car bien sûr les services d'aide à domicile et de secours étaient aussi utilisés. De plus, elle avait un bracelet avec un bouton d'urgence qu'elle pouvait utiliser si nécessaire. Alors ce jour-là, les secours sont arrivés, qui m'ont également informé que quelque chose était arrivé à ma mère, et ils sont également entrés en utilisant le coffre à clés. Ils l'ont ensuite emmenée à l'hôpital, où il a été découvert qu'elle avait une côte percée dans les poumons lorsqu'elle est tombée dans l'appartement. Maintenant, je suis retourné à l'hôpital le plus proche et j'ai parlé au médecin-chef du service. Elle m'a demandé si ma mère serait prise en charge 24 heures sur 24 après sa libération. Mais j'ai dû répondre à cette question par non, car j'étais épuisé physiquement et mentalement non seulement à cause de cela, mais aussi à cause de ma dépendance. Il faudrait envoyer à l'avance qu'immédiatement après la mort de mon père en mars 2006, mon frère avait demandé une place dans une maison de retraite pour elle. Il aurait été plus facile pour lui que de la voir dans une maison un mois plus tard. Quand, après environ 2 ans, j'ai reçu une promesse pour la maison dans le 20e arrondissement, je connaissais cette maison à l'intérieur et à l'extérieur, et elle m'a torturé avec la décision de quoi faire : à la maison ou pas. À cet égard, il convient de noter que cette maison était dans un de leurs environnements familiers et, comme elle n'a pas été en place depuis longtemps, est également très belle. Mon argument était que ce serait sa propre décision et que je ne la conseillerais ni ne la déconseillerais. Mon frère, bien sûr, l'a immédiatement persuadée de prendre la place. Après quelques semaines et mois, elle a refusé. Maintenant, comme je l'ai dit, elle était à l'hôpital et la municipalité de Vienne cherchait une place dans une maison de retraite, qu'elle a obtenue fin 2010 dans une maison nouvellement ouverte dans le 22e arrondissement. Là, au 8ème étage avec ascenseur, on lui a donné une pièce d'environ 20 mètres carrés. Pour autant que je sache, elle était l'une des plus jeunes à l'époque, âgée de 78 ans. Il y avait une salle commune à côté des chambres où les détenus se réunissaient pour bavarder ou jouer à des jeux. Je me souviens avoir dit plusieurs fois qu'elle devrait sortir de sa chambre et parler aux autres. Mais sa paranoïa ou sa démence était si avancée qu'elle ne voulait pas être entourée de gens, car ils pouvaient lui faire quelque chose, comme j'ai dû l'entendre dans divers hôpitaux lorsqu'elle a vu des gens en blouse blanche et qui voulaient faire quelque chose pour elle. Elle n'a pas accepté mon argument selon lequel il ne s'agissait que du personnel médical qui voulait l'aider. Le 2 mars 2011, je suis allé chez elle presque tous les jours pour lui rendre visite. Ce jour-là, elle était à peine disponible et je n'ai pas pu lui parler. Quand je suis rentré chez moi, j'ai eu mes prémonitions. Pendant la nuit, comme d'habitude, j'ai éteint mon téléphone portable. Le matin, lorsque je l'ai rallumé, j'ai vu un SMS de la maison. Ma prémonition s'étant confirmée, elle s'endormit paisiblement dans les bras d'une infirmière cette nuit-là. Maintenant, nous avons enterré notre mère dans la même tombe où était mon père. J'étais maintenant seul dans un appartement de 75 mètres carrés avec mes affaires et un loyer d'un peu moins de 500 €.

Mai 2011 Néocathomenat

Ma relation avec ma mère n'était pas exactement celle que j'avais à l'époque, mais elle était là pour moi même dans mon enfance, ne serait-ce que dans une mesure limitée. J'étais donc dans un petit dilemme en ce qui la concernait. Par une belle journée de printemps début mai, je marchais le long du canal du Danube dans mes vieux vêtements un dimanche, puis je me suis assis sur un banc et j'ai commencé à taper sur mon téléphone portable. Comme j'avais déjà une vue très limitée à ce stade en raison de la croissance de la cataracte, je ne voyais pas trop. Soudain, le soleil qui brillait sur mon visage s'est assombri. Quand j'ai levé les yeux, il y avait deux personnes devant moi que je pouvais à peine distinguer. Une femme m'a demandé si je croyais en Dieu après s'être présentée comme Anna. Elle a également présenté la deuxième dame, mais je ne me souviens pas de son nom. Il faudrait envoyer à l'avance que j'aurais évité une telle discussion à tout moment. Cette question, à laquelle je ne veux pas répondre ici, a donné lieu à une conversation d'une demi-heure et m'a dit à la fin : je t'invite samedi soir prochain à 20h. Je noterai le numéro de téléphone de Wolfgang pour vous, si quelque chose devait arriver entre-temps. Ça c'était quoi ? Deux femmes qui avaient 10 ans de plus que moi m'invitent. Ils m'ont également dit qu'ils appartenaient au néo-catholique, qu'ils faisaient partie de l'Église catholique et non d'une secte. Bon, maintenant j'avais un numéro de téléphone d'un certain Wolfgang et une invitation. Qu'est-ce que c'est censé être ? Maintenant, je restais au lit tous les soirs et je réfléchissais à cette invitation. Alors ce samedi est arrivé et j'ai pensé que j'avais de l'argent comme aucun et bien sûr j'étais curieux de savoir ce que c'était. Alors, comme d'habitude, j'ai quitté la maison plus tôt et suis arrivé dans le 20e à 19h30. En entrant dans le hall où tout devait se dérouler, j'ai vu un homme à l'autre bout de la pièce qui installait des chaises pliantes. Quand il m'a vu à la porte, il s'est approché de moi, m'a tendu la main et m'a dit qu'il était Wolfgang. Ce n'est qu'alors que j'ai compris qu'il devait s'agir d'un prêtre, car il était vêtu de noir de haut en bas. Quand il m'a alors demandé mon nom, j'étais un peu perplexe et j'ai commencé à bégayer et j'ai dit : Je m'appelle Eduard. Ce nom est resté avec moi pendant un certain temps, jusqu'à ce que je puisse le persuader de m'appeler Edi. Il m'a également demandé si je pouvais l'aider à installer les fauteuils, ce que j'ai bien sûr fait volontiers. Maintenant, il était presque 20 heures et je m'attendais à ce que des personnes plus âgées se présentent, la vingtaine de fauteuils étaient prêts et je me suis donc assis sur l'un d'eux. Puis la deuxième porte de la pièce s'est ouverte et une fille d'environ 16 ans est entrée avec une guitare sur le dos. Au fil du temps, la salle s'est remplie et j'ai découvert que j'étais l'une des plus anciennes. Quand tout a commencé peu après 20 heures, bien sûr, j'ai dû me présenter, ce que je n'avais jamais aimé faire auparavant. Il s'est alors avéré qu'il s'agissait d'une Eucharistie avec deux lectures et un évangile de la Bible.

J'avais encore à l'esprit que ma grand-mère, qui était catholique, m'avait souvent déplacé à la messe dans l'église catholique pendant mes années d'école et je pensais déjà à l'époque que ce n'était rien pour moi, tous les vieux, priant et s'agenouiller et prier à nouveau. Mais c'était un peu différent et pas seulement les participants. Les deux lectures de la Bible ont été préparées et lues par les participants eux-mêmes. Wolfgang, qui s'est présenté comme un prêtre, a seulement présidé et a dû lire l'Évangile et ensuite analyser toutes les lectures dans un sermon. Nous, tous participants, pourrions également annoncer ce que la lecture respective nous aurait dit et cela volontairement. J'ai aussi aimé que la guitare ne soit pas seulement là pour regarder, mais qu'une chanson soit toujours entonnée entre les lectures individuelles, et nous avons tous chanté avec. Eh bien, cela s'est terminé vers 22 heures et j'ai été informé qu'il y aurait une liturgie de paroles le mardi suivant à 20 heures. Après m'avoir promis ce genre de foire, j'y suis retourné mardi. Je suis alors devenu frère de ce qui était alors la 10e communauté du Neokathomenat, que j'ai également pratiqué pendant sept ans et qui m'a personnellement beaucoup apporté. Le processus dans cette communauté était toujours le même, 3 à 4 personnes de ce groupe devaient préparer la liturgie respective ou l'Eucharistie chez l'une des 3 à 4 personnes à la maison quelques jours auparavant puis la présenter ce jour-là. Il n'a pas toujours été facile de trouver suffisamment de personnes pour participer. Nous avions également un dimanche communautaire tous les uns ou deux mois et environ deux fois par an un week-end communautaire dans un hôtel de Basse-Autriche. Quand je suis arrivé dans cette communauté en mai 2011, elle n'existait que depuis six mois. En d'autres termes, vous ne vous connaissiez pas très bien, mais cela a changé au fil des ans, au fur et à mesure que vous vous prépariez avec quelqu'un d'autre et que vous voyiez ainsi l'environnement dans lequel il évoluait. À cette époque, je me suis lié d'amitié avec deux sœurs, Maria et Giada. Maria est née en Pologne et a étudié en Autriche, Giada était une jeune étudiante d'échange de Capri / Italie, âgée d'environ 20 ans. J'avais beaucoup fait avec eux deux, mais Giada a dû retourner en Italie à l'été 2012 alors qu'elle parlait déjà parfaitement allemand. Ce qui me liait à Maria, c'est qu'elle s'adonnait à ma dépendance autant que moi, mais pas aussi excessivement.

Peine de prison d'avril 2012

Alors le 10 avril, j'ai roulé avec mes affaires jusqu'au 11e arrondissement pour commencer ma peine de prison, car ils étaient de moins en moins nombreux. Cela a été précédé par le fait que deux mois plus tôt, j'avais un autre procès en expulsion avec la date d'exécution, le 10 mai 2012 sur mon cou. J'ai donc eu peu de temps pour quitter l'appartement dans le 20e arrondissement. Maria et ma collègue, à qui je reviendrai plus tard, m'ont été d'une grande aide car j'étais en garde à vue à ce moment-là. Quand je suis arrivée au centre de détention, j'ai été fouillée à fond puis placée dans la salle fermée dans une cellule d'environ 10 mètres carrés par paires. Au début, on m'a indiqué ce que je devais et ne pas faire, ainsi qu'à savoir quel service il y avait. Il n'y avait qu'une heure de marche dans la cour pendant la journée, si le temps le permettait. Les deux premiers mois, bien sûr, j'ai eu assez de temps, parler à mon codétenu n'était pas toujours facile, alors j'ai pris la Bible et l'ai lue du début à la fin, malgré les cataractes. Après deux mois, j'ai été transféré dans le système pénitentiaire détendu, où l'on pouvait travailler dans le centre de détention. Il y avait 6 à 10 personnes dans la salle qui avaient travaillé dans divers départements. Mais comme je suis une personne qui profite de sa liberté, je me suis de nouveau laissé transférer et j'ai fini à l'air libre. Cela signifie se lever à 4h30 du matin et conduire du 11e arrondissement à la caserne du 14e arrondissement, où j'ai été affecté au jardinage avec d'autres détenus. Comme il n'était pas vraiment agréable de rester au soleil toute la journée de juillet août 2012, nous attendions avec impatience la fin des travaux à 16 heures. Après cela, nous devions être de retour au centre de détention à 18 heures précises. La fraternité que j'ai rejoint un an plus tôt m'a apporté un soutien considérable pendant cette période. Cela s'exprimait par le fait que pour chaque jour de ma visite, trois de mes frères et sœurs actuels sont venus me rendre visite et m'ont apporté du réconfort. Comme j'ai aussi eu l'occasion de passer la fin de semaine à l'extérieur de l'institution avec le service de plein air, j'ai pu assister entre autres à un dimanche communautaire. Ce qu'il fallait aussi noter ici, c'est que tous mes proches, dont certains sous la forme de 4 cousins et d'une tante et d'un oncle, ne se sont pas présentés pendant les heures de visite, je ne veux même pas parler de mon frère, parce qu'il savait que je suis assis. De plus, ma sœur Maria m'a mis beaucoup de pression pour me réconcilier avec mes parents, car je l'ai rendue coupable de l'endroit où j'étais maintenant. C'est donc arrivé un dimanche matin quand j'ai été autorisé à sortir pour cette conversation à 8 heures. Eh bien, oui, ils étaient tous les deux morts, de quoi devrais-je parler avec des pierres. Mais comme le cimetière était près du centre de détention, je suis descendu du tramway et je suis allé sur la tombe. Au début, je ne savais pas quoi dire, mais ensuite je pense que je leur ai parlé pendant environ une demi-heure et à la fin, des larmes ont coulé sur mes joues. Quand je suis retourné au tram, je me suis senti 10 livres de moins. Depuis, j'ai fait la paix avec mes parents, même s'ils n'étaient que des cailloux et un mot méchant sur mes parents reviendra de mes lèvres, je n'y ai pas droit, je devrais faire mieux, mais il semble que je n'ai pas réussi soit, du moins jusqu'à maintenant. Un matin, alors que je rentrais à la caserne pour aller travailler, un accident m'est arrivé. Nous avions la possibilité de nous restaurer dans la caserne. Cela signifie que nous avons pu prendre le petit-déjeuner, le déjeuner et de temps en temps de la nourriture sous forme de canettes pour le soir. Eh bien, je suis allé, comme d'habitude, prendre le petit déjeuner à 6h30 et manger un copieux petit pain frais. Soudain, j'ai remarqué que ma dentition supérieure était cassée au milieu. Ainsi, le soir en détention, j'ai fait en sorte qu'une visite chez le dentiste soit autorisée, car ma morsure n'a pas été donnée. Je l'ai eu aussi et j'ai dû rester dans l'institution ce jour-là. Il doit être indiqué à l'avance que je n'avais pas d'assurance maladie pendant ma détention et que les frais de tout traitement étaient couverts par le budget de la justice. Je suis donc allé voir un dentiste qui n'était pas forcément le meilleur, mais qui avait fait payer beaucoup à la justice pour m'avoir réparé les dents. A l'époque, je l'avais déjà enregistré, ma cataracte s'est tellement aggravée qu'au final je n'avais que 2% de vue. Cela signifie que je devais attraper le trottoir à l'aide de mes pieds. Je supposais à tort que cette opération pouvait aussi se faire en garde à vue, mais deux jours après la sortie de garde à vue le 12 décembre j'avais l'œil droit pour l'opération et une semaine plus tard l'autre.

<u>Limogé le 10 décembre 2012</u>

Ce jour-là, j'ai été libéré et je me trouvais maintenant dans la rue avec environ 700 €, - une vision de 2% et mes maigres affaires et sans toit au-dessus de ma tête. Mais comme un frère du nom de Werner m'avait proposé d'emménager dans son cabinet du 8e arrondissement pendant que j'étais en garde à vue, j'ai accepté avec plaisir. Il a seulement dit jusqu'à ce que je trouve quelque chose. Comme j'avais maintenant trop d'argent dans ma poche, cela me démangeait naturellement, je n'avais pas une telle apparence pendant la détention, même si cela aurait probablement été basé sur l'heure. Alors ça s'est passé comme il fallait, j'ai continué à jouer et au bout d'un moment, frère Werner m'a demandé où en était ma recherche d'appartement. Après avoir vu que je n'y avais pas mis trop de zèle, il m'a lancé à juste titre un ultimatum. J'ai laissé passer ça aussi, et j'ai donc dû demander à la municipalité de Vienne un asile de sans-abri, que j'ai également obtenu dans le 16e arrondissement avec un deuxième dans une pièce de 20 mètres carrés. D'après mon imagination, j'avais imaginé que vous n'auriez rien à payer pour cela, mais c'était une erreur. Certes pas le montant d'un loyer, mais au moins c'était 160€ que j'ai pu payer au départ. Mais avec le temps, ce n'était plus possible. Malgré les conseillers sociaux, ils ont été contraints de me retirer de la maison. Et maintenant ? Mon employeur et ami Kamal m'a proposé de m'héberger dans le sous-sol de son commerce, sans toilettes ni eau, vu que l'année était déjà avancée et que l'hiver approchait, j'ai dû accepter cela, bien sûr à l'insu de l'autre maison des soirées. Je n'étais pas seul là-bas, j'avais aussi des animaux de compagnie sous la forme de souris qui couraient sur mon visage à certains moments quand je dormais. C'était probablement l'époque où je pensais au moins une fois par semaine pourquoi je vivais. Je n'avais rien accompli, au contraire, j'ai tout gâché, à 11 ans j'ai dû mentir à mon fils que je devais travailler à Berlin et donc ne l'appelais qu'une fois par semaine depuis la prison. Mes pensées suicidaires étaient déjà très extrêmes à l'époque. Bien sûr, mes frères et sœurs de la communauté étaient aussi au courant de toute la misère, mais ils ne pouvaient pas non plus m'aider, même si cela allait jusqu'au catéchiste.

<u>24 décembre 2014 fin</u>

C'était maintenant Noël, comme les années précédentes. J'ai dormi au sous-sol, j'avais des animaux avec moi et 20 € dans mon portefeuille. Il restait encore quelques courses, car avec le temps j'ai pu vivre avec 6€ par jour pour manger et fumer. Eh bien, que faites-vous avec cet argent, vous allez dans la salle de jeu la plus proche et le montant a disparu. À ce moment-là, il a été décidé dans la municipalité de Vienne que le petit jeu de hasard serait interrompu le 1er janvier 2015. Cela signifie que toutes les machines que j'ai alimentées pendant plus de 30 ans ont été arrêtées, mais seulement à Vienne et pas en Basse-Autriche. Eh bien, la nouvelle année est arrivée, il n'y avait plus de machines à Vienne et l'argent était de retour dans ma poche. Maintenant, j'ai eu l'opportunité de monter dans le train, de me rendre dans une banlieue de Vienne et de continuer à manger ces seaux. Mais ce n'était pas le cas, pourquoi je ne peux toujours pas m'expliquer à ce jour, mais peu importe je ne le remettrai certainement pas en question.

Autrement dit, après une bonne trentaine d'années et les difficultés qui en ont résulté, j'ai été guéri de cette dépendance le 24 décembre 2014. Depuis ce jour, je n'avais plus jamais touché à une machine. Bien sûr, je ne pouvais pas répondre à ce que j'avais misé au fil du temps, mais je suppose qu'il s'agissait certainement d'un montant à 7 chiffres. En d'autres termes, j'avais payé mes impôts sur les bénéfices et les ventes avec mon travail et ce n'était pas trop rare, du moins de mon côté, mais je ne peux pas juger si cela s'est terminé avec les bureaux respectifs tels que le bureau des impôts et la municipalité. Ce qui était intéressant, c'est que lorsque j'ai eu ma résidence forcée en 2012, je n'avais pas à jouer et à peine en liberté, ça a recommencé. Comment ça s'est passé maintenant ? En février 2015, j'ai à nouveau cherché une place dans le refuge pour sans-abri et je l'ai obtenu immédiatement dans le 16e arrondissement. Maintenant, tout s'est passé en succession rapide. L'assistante sociale qui s'occupait de moi a mis beaucoup de pression sur moi pour qu'on m'attribue un appartement communautaire. Les frais pour la place dans les 160 €, - n'étaient plus un problème, ils étaient donc payés régulièrement. Comme en janvier 2013 j'avais déjà présenté un appartement communautaire, je n'espérais pas vraiment que ça marche cette fois. En 2013, ils m'ont demandé de confirmer mon inscription et mes contrats de bail des trois dernières années. J'ai pu remplir la confirmation d'inscription, mais bien sûr je n'ai pas pu fournir de contrat de location. L'argument selon lequel j'étais citoyen autrichien et né à Vienne n'a pas aidé non plus. J'étais tellement furieux à l'époque que je me suis laissé emporter en disant que cet avis négatif devrait m'être délivré, car j'ai besoin de ce papier pour un endroit précis. Eh bien de retour. L'assistante sociale de cette maison m'a demandé de déposer une certaine somme dans la maison mois après mois afin que j'aie de l'argent pour l'appartement lorsque je quitterais la maison. Le 1er juillet 2015, j'ai reçu un petit appartement de 36 mètres carrés dans le 20e arrondissement, où j'habite toujours aujourd'hui. Mais comme je n'avais presque pas de meubles, j'ai dû tout acheter, des cuisines intégrées aux armoires. Comme l'appartement est au 5ème étage, un colocataire du refuge pour sans-abri m'a aidé. Ce qui se passait, l'addiction au jeu était partie, j'avais mon propre appartement, où il n'y a pas d'arriérés de loyer à ce jour et surtout j'avais du coup plus de 10 euros dans mon portefeuille. C'était un sentiment merveilleux et rien n'a changé jusqu'à présent. Autrement dit, je me suis imposé, ce que c'était quand j'étais joueur, je ne l'attribuerais pas forcément à ça.

Février 2016 vie normale

Début 2016, une carte postale a flotté dans ma boîte aux lettres. J'ai lu ceci et j'ai découvert qu'il s'agissait d'un portail en ligne où vous pouviez vous inscrire gratuitement. Après que c'était gratuit, je l'ai fait aussi. Le tout était un site web avec une bonne centaine de groupes différents, selon leurs intérêts. Comme j'ai toujours été une personne curieuse, j'ai regardé les groupes et j'ai trouvé environ 4 à 5 groupes qui m'ont parlé. Pour deux d'entre eux, j'ai fixé des activités à 50+ clubs et 60+ clubs, ce qui correspondait également à l'âge des membres. Désormais, Helmut, l'administrateur du groupe 60+ Treff, organisait des visites au restaurant toutes les deux semaines à 18h le soir. A chaque fois dans un restaurant différent. Comme je ne savais rien de tel de mon passé, c'était un plaisir pour moi de toujours bien manger là-bas et de bavarder pendant environ 3 à 4 heures avec les 8 à 10 personnes qui étaient là. L'autre groupe, 50+, était un défi pour moi dès le début. Puis l'admin a écrit, j'ai oublié mon nom, encore toutes les 2 semaines le vendredi soir à 18h un rendez-vous dans une échoppe de marché dans le 3ème arrondissement. Dans ce groupe, cependant, l'accent n'était pas mis sur la nourriture, mais bien plus sur la société. Cependant, comme ces réunions n'étaient pas organisées de manière optimale, seule une poignée est venue à ces rassemblements, mais pas beaucoup plus n'était possible, il n'y avait pas assez d'espace pour plus sur ce stand. L'administrateur Helmut du groupe 60+ Treff a fait cela beaucoup plus précisément jusqu'à sa mort en 2019. J'ai toujours emmené mon ami Roman avec moi aux deux réunions car il était célibataire à l'époque, mais je reviendrai sur lui plus tard. Comme je l'ai dit, il ne se passait pas grand-chose dans le groupe 50+ et j'ai donc pris l'initiative de mettre des réunions en ligne toutes les 2 semaines via ce groupe. Le groupe comptait environ 100 membres à l'époque et j'ai donc annoncé une réunion dans un restaurant et non dans un buffet d'étal de marché dans le portail. Au début, il y avait peut-être 7 à 8 personnes de ce groupe et bien sûr, l'accent n'était pas sur la nourriture, mais sur la conversation et les conversations. Il était intéressant de noter qu'avec chacun d'entre eux, il y avait systématiquement plus de femmes que d'hommes toutes les 2 semaines. Cela signifie qu'il arrivait parfois que Roman et moi étions les seuls hommes. Mais après avoir adoré m'entourer de femmes, ce qui était aussi une expérience nouvelle pour moi, j'ai reçu les femmes en conséquence. Cela signifie embrasser à gauche et à droite, où j'ai alors réalisé que cela avait un impact sur la qualité ultérieure de la conversation. C'était un peu lourd au début, mais avec le temps, de plus en plus de personnes sont venues à ces réunions. Le nombre de membres de ce groupe a également augmenté régulièrement, jusqu'à la fin avec un bon 500 membres. Comme je n'étais pas l'administrateur de ce groupe, il y avait bien sûr de l'hostilité envers les autres membres de ce groupe, entre autres avec l'argument qu'il s'agissait d'un échange de partenaires, que j'ai remis sur le site Web avec les commentaires correspondants. En 2018 et 2019 j'ai eu l'idée qu'il ne faut pas forcément aller dans un pub, mais qu'il y a aussi de la culture et des sports légers. Ces réunions n'étaient pas nécessairement acceptées par les membres. C'était un cabaret, un bowling, un billard ou un mini-golf, donc pas de fantaisie. Seulement 5 à 6 personnes sont venues à ces réunions, alors je suis retourné aux réunions locales. Lorsque la pandémie est arrivée en 2020, nous avons eu notre dernière réunion dans le 3e arrondissement en février. Quelques mois plus tard, j'ai été informé par Pamela qu'elle ne pouvait plus trouver le groupe 50+ Treff sur le site. Mais comme de telles réunions ne pouvaient pas avoir lieu avec le verrouillage et d'autres restrictions, je n'ai pas remarqué ce fait. J'ai enquêté et découvert que le groupe 60+ Treff, qui n'avait cependant aucune activité après la mort de l'administrateur, et le groupe 50+ Treff et ses membres avaient été supprimés de cette page. L'arrière-plan était, et il est devenu évident quelque temps auparavant, que le logiciel (prétendument Ubuntu) derrière celui-ci s'était écrasé et qu'un nouveau logiciel avait été installé via ce site Web. Comme je m'appelle maintenant programmeur, j'ai écrit à cette entreprise, les propriétaires de ce site, environ deux fois pour savoir ce qui s'y serait passé. La réponse était que certains anciens groupes ne pouvaient plus être restaurés. Bien sûr, j'ai aussi fait remarquer que cela pourrait très bien se faire, mais aussi avec une énorme dépense de temps, car les données doivent être disponibles, il suffit de les lire et de les ajouter au nouveau portail.

Événements de danse automne 2015

Mon ami Roman, que je connaissais depuis plusieurs années, m'a demandé un jour si nous pouvions aller danser à l'Association des retraités de Vienne un samedi, ce que nous avons fait alors. Et donc nous sommes allés danser tous les samedis soir soit dans le 2e soit dans le 20e jusqu'à ce que la pandémie arrive en 2020 et bien sûr il n'y avait plus d'événements. Je n'étais pas retraité à l'époque, mais que diable, j'aimais ça, même si je ne suis pas danseuse professionnelle (cas désespéré).

Famille

Ben oui, j'ai probablement eu ça pendant environ 10 à 11 ans, mais quand je suis allé à l'internat, la relation a dû se détériorer, car là, que je le veuille ou non, 90 % de mes décisions devaient être prises par moi-même.

Ce faisant, presque personne n'était à mes côtés avec des conseils. Que je l'aurais accepté ou non est également discutable. Dans mon enfance, j'avais de bonnes relations avec mes 3 cousins le week-end, qui sont un peu plus jeunes que moi, avec le quatrième je n'ai eu de contact que deux fois, à leur propre demande. Cela signifie que je voyais les 3 filles du 11e arrondissement presque tous les week-ends. Quant à mon frère, nous avons été un seul cœur et une seule âme pendant environ 16 ans. Cela a changé quand il a dit qu'il devait avoir une femme maintenant. Vers l'âge de 30 à 35 ans, il a demandé son héritage en espèces à ses parents en ma présence en Basse-Autriche. L'arrière-plan était qu'il était maintenant marié et avait deux filles et qu'il avait dit qu'il devait construire une existence ici et maintenant en Allemagne. Puisque cette demande s'est exprimée avec force physique, il a « fait ses adieux » pendant une bonne vingtaine d'années. Nous n'avons eu aucun contact avec lui jusqu'à peu de temps avant la mort de notre père. Même aujourd'hui, je n'ai aucun contact avec lui et je ne sais pas pour lui ou moi où nous vivons. Quant à mon fils, qui a maintenant 20 ans, il faut dire qu'en 2012 je ne pouvais pas lui dire que j'étais en garde à vue, mais que je devais travailler à l'étranger, il avait 11 ans à l'époque. Mon conjoint et moi nous étions mis d'accord là-dessus, j'avais de bonnes relations avec lui au moins jusqu'à ce que je sois obligé de rester dans le 11e, même si ce n'était que le week-end. Cependant, comme à mon avis il a été informé par un proche parent de mon ex-compagne où j'étais réellement en 2012, malgré plusieurs tentatives depuis avril 2018, je n'ai eu aucun contact, la dernière fois que je l'ai vu c'était le 15 juillet, 2017. La relation avec ma mère n'était en fait qu'une bonne dans mes premières années de vie, mais comme nous étions des personnages très différents, cela a changé au plus tard avec l'internat, mais cela n'a pas changé le fait que je suis resté là. Elle dans les dernières années de sa vie. Mais ce qui m'a beaucoup frappé et qui me préoccupe encore aujourd'hui, c'est que je n'ai jamais pu parler à mon père et il ne pouvait probablement pas non plus me parler.

Copains

Au fil des années, j'ai certainement eu plusieurs amis que j'essaie de classer ici, même si je n'y ai pas vraiment droit, mais comme je l'ai dit, c'est comme ça que je le vois. Parmi mes meilleurs amis, il y avait certainement ceux de Basse-Autriche, que j'ai savais déjà quand j'avais 12 ans appris. Cependant, comme ils étaient répartis dans tout l'État fédéral de Basse-Autriche, l'amitié a pris fin après environ 15 à 20 ans. Quant à mon ami viennois, je ne sais toujours pas pourquoi il ne m'a jamais empêché de devenir accro au jeu. Mais je voudrais lui remercier qu'il n'aurait pas pu le faire. En 2005 ou 2006, j'ai eu des problèmes avec mon stand PC dans le magasin et, comme l'argent était généralement serré, j'ai cherché un dépannage informatique, que j'ai également trouvé dans le 20ème arrondissement. Là, je suis arrivé dans un bar-cave à deux rues de là. Quand j'ai vu la personne qui s'appelait Kamal, j'ai réalisé qu'il devait s'agir d'un Arabe et je l'ai adressé de cette façon, puisque j'avais eu affaire à ces personnes pendant des années auparavant. Il a répondu à mes paroles en arabe et a également dit qu'il était né à Alexandrie mais qu'il est maintenant citoyen autrichien. Un an ou deux plus tard, il a déménagé de deux rues dans un restaurant au rez-de-chaussée, où il m'a employé quelque temps plus tard, il est responsable du matériel et moi du logiciel. C'est lui qui m'a offert un abri au sous-sol l'année où je n'en avais pas. Environ un an plus tard, un monsieur un peu plus âgé est venu dans notre magasin du 20e arrondissement, il s'est avéré qu'il avait 20 ans de plus que moi. Il a dit qu'il avait des problèmes avec son propre site Web, puisque le logiciel était adapté, qu'il ne s'y connaissait plus et qu'il voulait ajouter quelques éléments. J'aimerais peut-être voir ce que j'ai fait sur place. Là, j'ai trouvé un site Web assez volumineux sur lequel il avait travaillé lui-même pendant des années, et j'ai lu mon chemin dans ce système. En fin de compte, j'ai enfin pu résoudre les problèmes de conversation qu'il avait avec le nouveau système. Une amitié née de ces deux rencontres, qui perdure encore aujourd'hui et que je ne voudrais pas manquer non plus. Oui, des connexions ont été établies à partir des groupes 60+ clubs et 50+ clubs, mais elles ont de nouveau fait long feu avec la pandémie.

Partenariats

Le premier partenariat avec ma collègue du centre de recherche m'a un peu déçu, car j'étais un peu snobé qu'elle m'ait obligé, moi et un enfant, à déménager sous le même toit que ses parents, ce qui fait que son père m'a très bien accepté, mais sa femme fait qui devait tout savoir m'a un peu ennuyé. Quant à ma deuxième épouse dans ma vie, elle était incontestablement la femme de ma vie, sinon le partenariat n'aurait pas duré plus de 20 ans. Qu'il ait rompu, malgré le fils de 8 ans à l'époque, c'est probablement à 95% de ma faute. Je n'avais découvert qu'avec le recul que nous n'avions jamais parlé de nous-mêmes et de nos problèmes et puis, comme nous l'avons fait après la rupture, il était trop tard. Cela aurait peut-être changé quelque chose si nous nous étions exprimés plus tôt. Je ne sais pas. Comme le groupe 50+ Treff était censé être une sorte de portail partenaire dès le début de mon travail pour ce groupe, cela s'est passé comme il se doit. C'était un vendredi avant la Pentecôte en 2017, 8 ans après que Britta de Basse-Autriche se soit séparée de moi. Nous nous y retrouvâmes encore une fois dans un bar et son jardin de bistrot. J'y suis allé comme d'habitude avec mon ami Roman. Puis est venue Pamela, membre du groupe 50+ Treff et un an de moins que moi, et s'est assise entre Roman et moi. Au cours de la soirée, une conversation ponctuelle s'est développée entre moi et Pamela et nous avons beaucoup parlé et ri, de sorte que je ne remarque plus vraiment les autres participants. Dans le processus, j'ai remarqué qu'à chaque fois que nous avions de quoi rire, elle me tapotait le haut du bras ou la cuisse. Je me suis bien inscrit, mais quoi maintenant, car je n'étais pas le plus courageux à cet égard. Mais j'ai pris mon courage à deux mains et lui ai demandé si nous ne pouvions pas nous retrouver quelque part le samedi de Pentecôte pour faire une promenade, ce que nous avons également fait le lendemain. Je suis tombé des nuages et suis allé à la journée communautaire de ma communauté le dimanche de Pentecôte. Mais comme il était toujours d'usage des jours comme celui-ci, après une courte prière, de parler du chemin et de ses propres expériences avec celui-ci, et cela devant une vingtaine de personnes, bien sûr volontairement, j'ai commencé après un certain temps. Comme je l'ai dit, j'avais 57 ans et j'avais parlé à Pamela au téléphone avant d'entrer dans l'immeuble. Alors j'ai dit que je souffrais d'une maladie incurable qui pouvait toucher n'importe qui est d'autres déclarations fleuries de ma part. J'ai regardé autour de moi et à l'exception des visages affolés, je ne pouvais pas vraiment distinguer quoi que ce soit. De quoi je parlais ? Eh bien, bien sûr, il y avait des questions et des déclarations, telles que : vous parlez comme un adolescent de 16 ans et l'un des présents, un étudiant de 22 ans, m'a demandé : Edi est-ce que tu es amoureux, ce que bien sûr je ne pouvais pas nier. Un mois plus tard, le 15 juillet 2017, j'imaginais que Pamela et moi étions en couple, je suis allée voir mon fils en Basse-Autriche pour la dernière fois, ce que je ne connaissais pas à l'époque. Comme il s'est vite rendu compte que j'étais surexcité, je lui ai avoué qu'il y avait une nouvelle femme dans ma vie et lui ai aussi montré une photo d'elle, ce que j'ai regretté par la suite. A cette époque, Pamela était déjà en cure en Styrie. Quand elle est revenue, j'ai découvert qu'un autre membre du groupe 50+ Treff l'avait suivie dans cette station thermale et Pamela m'avait emmenée. Comme cet homme n'était pas forcément sociable non plus, ce partenariat entre Georg et Pamela n'était que temporaire. Eh bien, il y a eu plus de réunions et en août 2018, une réunion a eu lieu dans un Heuriger du 19e arrondissement. Certaines personnes de ce groupe, ainsi que moi, avaient créé un groupe sur Whatsapp et nous avaient envoyé des photos dans tous les sens. Ainsi, ce vendredi, une nouvelle femme est entrée dans le groupe, nommée Anna, originaire de Pologne et agréable à regarder. Elle pouvait rire de bon cœur, ce qui m'a beaucoup impressionné. Elle a également rejoint notre groupe dans Whatsapp et a ensuite continué à proposer des contributions amusantes, ce qui a donné un coup de pouce à ce groupe. Un jour de septembre 2017, elle a posté que les raisins du 22e arrondissement étaient mûrs et que quelqu'un de ce groupe ne pouvait pas l'aider pour les vendanges. Elle avait réservé une journée pour cela le week-end suivant. La réponse à cela était zéro. Alors je me suis dit, pourquoi pas, aller lire des raisins et prendre rendez-vous dans le 22e arrondissement. J'ai vraiment trouvé beaucoup de raisins que nous avons cueillis pendant la journée, puis transformés en sirop et en jus le soir. Mais comme rien ne « fuyait » un samedi soir, le temps a passé et nous sommes devenus un couple ce jour-là. Mi-octobre, après un mois de partenariat, elle m'a dit qu'elle se sentirait plus à l'aise si on la laissait seule, ce que j'ai dû accepter. Bon ou pas, ça a aussi rompu, mais il y avait toujours des réunions dans le groupe et donc en novembre 2017 dans le 3e arrondissement. Là, nous étions environ 20 personnes, où nous avons eu quelques problèmes d'espace dans ce restaurant. Quand tout s'est terminé vers 9 heures du matin, nous, Roman et moi, sommes allés dans la rue où se tenaient deux femmes, nommées Tine et Julia. Soudain, Tine demanda : Que faisons-nous maintenant ? J'étais un peu perplexe car je ne m'attendais pas à une telle question de la part d'une femme. Eh bien, nous sommes donc allés dans un café voisin et y sommes restés environ une heure. Ensuite, Tine a découvert que j'étais occupé avec des ordinateurs et elle a dit si je pouvais résoudre le problème avec son ordinateur chez elle, ce qu'elle a supposé après avoir donné son adresse dans le 14e arrondissement. La femme avait environ deux ans de plus que moi et pas nécessairement mince. Cette réparation de l'ordinateur ou cette visite s'est transformée en plus, même si je n'ai pas forcément aimé ça vu le look. La plupart du temps je passais avec elle et avec elle. Elle avait un nouvel appartement, mais apparemment, elle ne s'y sentait pas vraiment chez elle, pour autant que je sache, car elle devait toujours sortir pour acheter quelque chose ou simplement pour aller quelque part, c'était une conductrice passionnée. Pendant ce temps, elle m'a comblé de vêtements et d'autres choses, et avait toujours payé au pub. Quand je lui ai demandé que je ne voulais pas de ça, parce que j'avais assez de vêtements dans mes cartons entre-temps, elle était un peu nerveuse. Ainsi, un week-end, elle a conduit chez sa sœur dans le Burgenland le plus profond et a appelé de la voiture sur le chemin. Pour moi, c'est ce qui a cassé le canon. Elle avait tout décidé sans me consulter et m'avait dit qu'elle pouvait acheter mon amour avec des tas de cadeaux. Donc cet épisode était fini aussi. A l'été 2018, Roman et moi sommes allés danser dans le 1er arrondissement, tous deux célibataires, nous connaissions l'événement depuis longtemps et, surtout, les deux organisateurs. Quand nous sommes arrivés là-bas, il n'y avait presque plus de place, nous avons donc dû nous asseoir tous les deux à une table où deux femmes étaient déjà assises. L'un s'appelait Graziella (parents en partie italiens) et malheureusement je ne me souviens plus du nom du second. Maintenant que nous étions assis à la même table, je devais aussi demander aux dames de danser et donc

Graziella et moi étions bientôt assis l'un à côté de l'autre et elle m'a dit qu'elle avait des problèmes avec son PC. Je connaissais bien l'argument maintenant et Graziella était beaucoup plus âgée que moi, mais a quand même confirmé que je le verrais chez elle dans le 16e arrondissement. Là aussi, c'était le même résultat qu'avec Tine, nous nous sommes rapprochés. Elle avait un bail à long terme dans le 17e arrondissement avec une petite maison dans le grand jardin correspondant, où l'on ne pouvait pas se déplacer facilement devant un grand nombre de plantes et d'arbres. De plus, elle avait des vignes au-dessus du toit-terrasse, où nous avons également récolté les raisins puis les avons traités, encore une fois une expérience aha. Puisqu'il n'était pas seulement possible de se déplacer dans le jardin, cela s'appliquait également à l'intérieur de la maison et enfin à votre appartement. Le partenariat était donc limité dans le temps. Moi-même je ne suis pas exactement un fou du ménage, mais j'aimerais pouvoir me déplacer dans une pièce, j'étais quand même assez à l'étroit en 2012. Début novembre 2018, un samedi matin après le petit déjeuner j'ai laissé cette connexion dans un se presser. Je suis tombé dans un trou profond à ce stade car je devais me demander ce que je faisais de mal. 4 femmes et avec tout le monde ça n'a pas marché, était-ce mon passé, était-ce ma "richesse" ? Bon, il y a eu un autre bal fin novembre un samedi 24 novembre 2018 Mon ami Roman m'a persuadé d'aller à ce bal dans le 2e arrondissement. Mais je n'en avais pas envie. En fin de compte, il m'a finalement amené jusque-là. Nous nous sommes assis à une table avec environ 8 personnes. En face de moi, j'ai vu une femme blonde qui, à mon avis, était en compagnie d'un homme âgé. Je n'avais pas beaucoup dansé ce soir-là de 18h à 21h sur de la musique live. Vers la fin, la dame en question est revenue à table et a dit à Roman et moi si nous ne voulions pas du tout danser là-bas. Je n'avais que mal compris cette affirmation et n'ai donc pas réagi. Roman s'est immédiatement levé et est allé danser avec elle. Maintenant, cet événement était terminé et nous sommes allés au vestiaire. Soudain, cette femme, nommée Ully, se tenait à côté de moi et m'a demandé : Vas-tu avec moi et j'entends par là Roman et moi. Après c'était samedi soir et pas tard non plus, ça ne me dérangeait pas d'y aller avec moi, et je l'ai dit à Roman aussi. Il a également accepté et ainsi après une longue recherche, environ 8 personnes se sont retrouvées dans un bar du 1er arrondissement. Avant d'aller au vestiaire, elle a donné à Roman son numéro de téléphone portable, que je n'ai enregistré que de façon marginale. Eh bien maintenant, nous avons assis Ully à côté de moi dans ce bar et Roman a donné une conférence sur le chamanisme et l'énergétique. Au cours de la soirée, il s'est avéré qu'Ully n'était pas venu avec le vieux monsieur, mais avec son amie Monika. Dès que j'ai enregistré cela, j'étais un peu gêné, ce que j'aimais chez la dame. Maintenant, Roman avait son numéro, mais je ne pouvais pas le demander. J'ai donc pris une carte de visite du restaurant et j'ai écrit mon numéro de téléphone au dos. En quittant le restaurant, je lui ai donné cette carte, ce que, malheureusement, Roman a également remarqué. J'étais donc dans la cuisine du diable et Ully avait deux numéros de portable de Roman et moi. Le lendemain, dimanche, j'ai attendu de voir ce qui se passait. Rien ne s'est passé le matin, mais à 2 heures le téléphone portable était et Ully était en ligne. Elle m'a demandé si nous ne pouvions même pas aller prendre un café. Ma réponse à ceci : Immédiatement et immédiatement - vous avez une interruption de transmission. Oui, elle doit encore réparer quelque chose et me rappellera dans environ une heure. Mais ce n'était pas une heure, juste une demi-heure et nous nous sommes rencontrés dans un café du 20e arrondissement. Ensuite, nous sommes allés au cinéma là-bas et parce que cela ne suffisait pas, nous sommes également allés dans un salon au 1er étage. Je lui ai raconté, comme j'y étais habitué, tout sur ma vie passée, qui n'est pas forcément productive. Soudain, elle se tourna vers moi et m'embrassa sur la joue. Nous sommes en couple depuis, même s'il y a une différence d'âge de quelques années. Pourquoi ? Parce que je crois qu'elle est la meilleure des 4 femmes avant.

Fin néo-catholique

Lorsque j'ai rejoint la fraternité ou le chemin en 2011, il était clair dès le départ qu'il faudrait environ 30 ans pour parcourir ce chemin. Maintenant, en 2017, en ce week-end de Pentecôte, j'ai dû faire mes expériences, ce que signifie l'interprétation du partenariat sur cette voie et j'ai donc un peu ruminé. Lorsque ma sœur Maria de la communauté s'est suicidée en avril 2018, après 7 ans d'appartenance, j'ai décidé de mettre un terme au chemin et j'ai fait de même en mai 2018 lors d'une Vêpres pour les défunts. Ma pensée à cet égard était que je ne pouvais plus être d'accord avec certains arguments en cours de route. Cela s'appliquait bien sûr à l'interprétation des partenariats, ainsi qu'à la manière de faire vivre la foi. Suis-je maintenant croyant ou non : Cette question ne peut pas et je ne veux pas répondre ici, surtout, l'individu peut-il lui-même ? Pour ma part, j'essaie maintenant de vivre la foi après avoir quitté la communauté. Depuis lors, je suis toujours en contact avec Dieu, même si cela ne s'exprime que dans des prières silencieuses avec lui.

Les clients

Au cours de ma vie, j'ai certainement eu plusieurs centaines de clients que je traite toujours avec respect et courtoisie, qu'ils soient nationaux ou étrangers. Quant à la clientèle à l'époque où je vendais des journaux et des magazines, j'ai eu plusieurs expériences négatives. Comme 99% d'entre eux étaient toujours des étrangers, je n'ai même pas eu à regarder mon argent, car les gens étaient allés dans leur pays d'origine et avaient ignoré mes demandes, il y avait souvent des montants à cinq chiffres en shillings. Mes clients, dont je suis déjà complètement différent dans le domaine informatique, sont toujours contents quand ils m'appellent. Vous savez que je ne me repose pas tant que le problème n'est pas résolu et cela peut prendre du temps. Mais je ne me souviens pas d'un client à l'époque où je créais des logiciels. Il s'agit d'un résident d'Allemagne, mais d'une autre filiation. Ses trois entreprises comprennent un cabinet dentaire, un laboratoire dentaire et un dépôt dentaire. À l'automne 2010, son employé de l'atelier du dépôt dentaire est venu dans notre atelier. L'arrière-plan était que le programme de calcul ne fonctionnait plus et il m'a demandé si je pouvais le réparer. Comme cet homme n'avait pas forcément de connaissances commerciales, j'ai constaté que ce programme ne pouvait plus être sauvé. Maintenant, j'avais remarqué que l'ensemble consistait essentiellement en trois sociétés avec une grande variété d'approches. Ainsi, dans le cadre de notre entreprise du 20e, nous avons créé une offre pour les trois entreprises avec comptabilité financière et stocks, gestion des échéances. Gestion des appels clients et fournisseurs et bien plus encore. J'ai présenté cela au patron et il a commencé à accepter certaines parties de cette offre et à en rejeter d'autres. Mais comme j'ai toujours l'ambition de tout créer à 100%, c'était aussi le cas dans ce cas, et bien sûr aussi par rapport au fait que la décision a été prise d'accepter une autre partie de notre offre. Mais comme le logiciel n'est pas statique, le programme a souvent été adapté. J'allais donc chez son grossiste dentaire jusqu'à quatre fois par semaine pour faire ça, à chaque fois pour un remerciement pendant sept ans. Comme les employés présents n'étaient pas nécessairement des commerçants, ils ne pouvaient pas faire l'inventaire annuel. C'est-à-dire jusqu'à l'inventaire en 2017, celui-ci était réalisé par mes soins avec l'aide des personnes présentes sur place. Mais comme je sais d'après mon expérience commerciale que quelque chose comme ça doit être fait dans un délai maximum de deux jours, j'ai eu mes difficultés à cet égard. Le dernier inventaire a été réalisé par étapes en deux semaines. Il a été convenu à l'avance que la facture que nous soumettons serait payée trois fois. Le premier montant partiel avec un montant à trois chiffres en euros a été payé, le reste est encore ouvert. L'argument du client était que mon programme ne fonctionnait pas, ce qui se contredit fondamentalement. D'une part, le logiciel a fonctionné sans problème pendant sept ans et, d'autre part, ils l'utilisent encore aujourd'hui et l'utilisent également depuis quatre ans. Nous sommes donc revenus à un bon à 4 chiffres. Même une lettre d'un avocat menaçant une injonction de payer est restée lettre morte. Concernant mes clients actuels, dont je m'occupe aujourd'hui dans le cadre de notre activité, permettez-moi de dire qu'ils sont complètement enthousiasmés par moi, car ils savent ce qu'ils obtiennent de moi. D'une part, ce n'est pas seulement le rendez-vous rapide, mais aussi la connaissance du client que je n'abandonne pas tant que je n'ai pas trouvé de solution. Il se peut bien que cela prenne du temps, mais je suis aussi heureux à chaque fois que je vois que cela fonctionne.

Reprendre

Vous, en tant que lecteur, pouvez maintenant penser que vous avez lu ce n'est pas une vie. Oui, cela pourrait être, mais comme déjà mentionné, ce sont uniquement mes décisions, qu'elles soient bonnes ou mauvaises, ne peuvent toujours être déterminées que rétrospectivement. Alors la question suivante se pose, si je suis heureux. Mais comme il s'agit d'une évaluation purement subjective, chacun répondrait différemment. Je suis content. Pourquoi ? Quand je pense à l'époque de ma dépendance, ce n'était pas vraiment ce qu'on appelle la vie, donc je suis content d'avoir traversé cette période. Comment j'ai géré cela à l'époque n'est toujours pas clair, mais je suis content d'avoir traversé cette période. Que je sois satisfait, comme je l'ai formulé dans mon 1er livre, reste sans réponse. La raison en est que mon ami le plus proche s'est séparé de moi à sa demande après une bonne dizaine d'années, ce que je ne comprends toujours pas à ce jour. Je ne sais pas ce que la vie m'a préparé d'autre, mais rien de plus ne peut réellement venir qui puisse me secouer.

© 2021 Eduard Wagner
Herstellung und Verlag: BoD – Books on Demand, Norderstedt
ISBN: 9783755757580